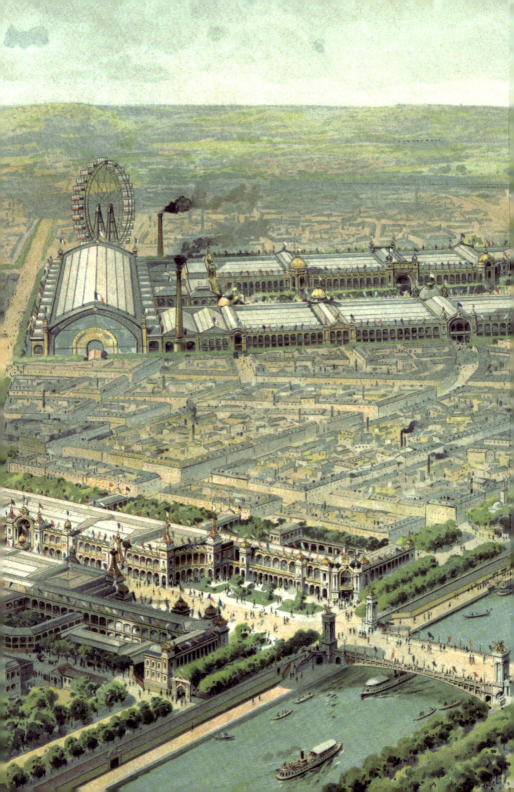

早期世博会上的纺织品（1895—1900）

浮光纱影

Memory
Impression

The Late Qing's Textiles from
the Early World Expositions
（1895－1900）

周　旸◎编

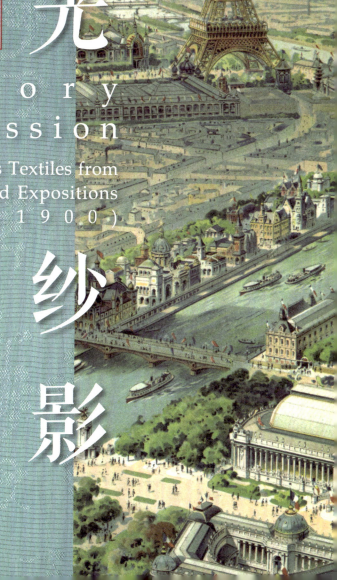

ZHEJIANG UNIVERSITY PRESS
浙江大学出版社

图书在版编目（CIP）数据

浮光纱影：早期世博会上的纺织品：1895—1900 /
周旸编. — 杭州：浙江大学出版社，2020.6
ISBN 978-7-308-20224-4

Ⅰ.①浮… Ⅱ.①周… Ⅲ.①纺织品—文物—介绍—
中国—1895-1900 ②纺织工业—技术史—中国—1895-
1900 Ⅳ.①K876.9 ②TS1-092

中国版本图书馆CIP数据核字（2020）第083871号

浮光纱影

——早期世博会上的纺织品（1895—1900）

周　旸　编

策　　划	张　琛　包灵灵
责任编辑	吴水燕
责任校对	陆雅娟
封面设计	Petit Pain
出版发行	浙江大学出版社
	（杭州市天目山路148号　邮政编码310007）
	（网址：http://www.zjupress.com）
排　　版	杭州兴邦电子印务有限公司
印　　刷	浙江省邮电印刷股份有限公司
开　　本	880mm×1230mm　1/32
印　　张	5.5
字　　数	90千
版 印 次	2020年6月第1版　2020年6月第1次印刷
书　　号	ISBN 978-7-308-20224-4
定　　价	68.00元

序言

一个世纪的记忆

当策展人把她选好的展品清单发给我，并告诉我展览的题目拟定为"浮光纱影"，来自古诗"浮光随日度，漾影逐波深"时，我感受到的是诗中那时光匆匆、如梦如影的记忆。

2011年10月某个周日的早上，我穿过伦敦海德公园的地铁通道，去Q老师的家里做客。地铁通道里画着1851年的伦敦水晶宫世博会的场景，这是人类历史上第一届世博会，开创了一个博览会的纪元。可惜的是水晶宫后来被火烧了，公园里已几无踪迹可循。我在地铁里看到的一张报纸上说，不知是哪一个中国人在与伦敦市政府谈论重建水晶宫的可能，这引起了伦敦普通百姓的反感。我也在想，那个中国土豪出自什么样的目的，会建出什么样的21世纪水晶宫。

Q老师家的聚会总是会有远道而来的中国客人，因为她丈夫烧得一手好菜，伦敦的食料，上海的味道，然后就是看他们收藏的东西。这次见面的客人是来自美国的Z君，我们一同欣赏Q老师新收的民国银器，还帮助考证银器上的铭文，极是有趣。一直到后来，我说我很想收集中国在海外流散的织品，哪怕是很迟的，迟到世博会上出现的织品。不料Z君突然对我说，她可以帮我找到一批与早期世博会相关的织品。

到了第二年的4月，我刚好有机会经过美国，去看了这批收藏。这批收藏的完整性让我感到惊讶，它们都完整地保存在各自的盒子里，上面所有的标签还完好地贴在织物上或是吊挂在织物上，记录着它们曾经走过的历程。从标签上可以知道，它们几乎都出自中国的海关，作为中国的展品来到1895年的德国柏林艺业会和1900年的法国巴黎世博会。但它们并非全部产自中国境内，其中有部分是由中国海关采购或是进口自不同国家的产品。此后，它们又漂洋过海来到美国费城，一直待了将近一个世纪。

一个世纪前正是世博会的滥觞之期，此后世界上连续举办世博会，这成为国际性的科技文化盛事。水晶宫世博会开始之时，正是清朝晚期。对于此时的中国来说，世博会还是十分新鲜的，中国人刚刚开始了解世界。清政府虽然晓谕工商业界前去参加，但除了个别敢于吃螃蟹的，人们普遍还只能是远远地观望。于是，由外国人把持的中国海关收集了一些产品前去参加世博会，因此，这其中包括一些较为开放的商号在中国境内采购的产品，还有境外生产的产品。

今天这批织物终于在入藏中国丝绸博物馆后首次向观众亮相。正如它们一百年前在欧洲亮相一样，与当时的花花世界相比，它们是那样朴素，可能还带着些腼腆，但它们大部分都是天生丽质。蚕丝麻线，白布素匹，即使是丝质的材料，也只是纱、绉、罗、绸、绫、缎之类，但其中包括了在国际上已经大名鼎鼎的辑里丝和湖绸、湖绉等。看到它们的模样，就像看到当年的中国刚走到世界舞台上时的羞涩。当时正是合成纤维开始流行的时候，但在这一批织物中基本没有看到合成纤维，说明中国的产品或用品，在当时还只是停留在天然纤维上。但同时我们看到，不少彩染色样或是印花织物已经使用了合成染料。这说明近代印染技术在当时的强势，已是中体洋装，中国的纤维，西方的色彩。

　　我们在国外征集纺织品文物还只是刚刚开始，但这批文物的主要价值是年代明确、产地明确、来源独特。所以，我觉得我们应该首先开始一些研究，然后再告诉大家，这些世博会纺织品的特点和价值是什么。在文物入藏中国丝绸博物馆之初，已有浙江理工大学的吴子婴老师和研究生邢梦阳开展了一些分析检测工作，但我最后还是把整批织物的研究任务交给了以周旸为首的小团队，由她带领年轻人继续进行研究，初步了解这批材料的内容和价值，把它们介绍给观众和学者，这也是我们对一个世纪之前的中国梦想及中国制造的敬意。

中国丝绸博物馆馆长　赵　丰

2015年3月写于"浮光纱影"策展时

目录

第一编

论 文

浮光纱影——早期世博会上的纺织品
（1895—1900）

周　旸

　　世博会是一项展示人类在社会、经济、文化、科技等领域所取得成就的世界最高级别的博览会，素有"经济、科技、文化领域的奥林匹克"之称。早期世界博览会则是指 1928 年国际展览局成立之前的世博会。

　　在早期世博会极力推崇的工业文明的喧嚣中，中国的丝绸、茶叶、瓷器不时登台亮相，载誉而归。自 1851 年首届世博会——英国伦敦"万国工业产品博览会"始，中国的纺织品就与其产生了千丝万缕的关系，来自上海的中国商人徐荣村送展的"荣记湖丝"荣获铜奖，评委会对其评价是"上海荣记丝绸样品充分显示了来自蚕桑原产国丝绸的优异品质"[①]。在波澜壮阔的科技革命和工业革命面前，这些农耕文明的经典之作从未凋敝，虽显落寞却总能打动人心。

　　中国丝绸博物馆收藏了一批参展早期世博会的晚清时期纺织品，绝大多数为未经加工的匹料和面料，极少数为衣衫成品。在

---

① 上海图书馆．中国与世博：历史记录（1851—1940）[M]．上海：上海科学技术文献出版社，2002：223．

百余年后的今天，以历史的眼光、科学的分析和美学的审视，重新关注这些在早期世博会上亮相的纱罗锦绣，也许能够体味出近代中国走向世界的曲折历程。正是"浮光随日度，漾影逐波深"。

一、海关筹办

最初，晚清政府并不热衷于参加早期世博会，世博会被视作"矜奇炫异"的比赛方式，常被译作雅物会、赛珍会、赛奇会、炫奇会、聚宝会等，隐含着对"奇技淫巧"的鄙夷。面对主办国的邀请，晚清政府会根据情形做出不同反应，或以"中国向来不尚新奇，无物可以往助"为由婉拒，或晓谕商民自行参加，或训令驻地使馆派员参加，或由海关代寄物品参展，或由海关组织展品参加。

根据相关资料统计，晚清政府在 1851 年至 1911 年之间，共收到至少 83 次万国博览会的邀请，其中在 1895 年收到过两次，一次为在美国阿肯色州举行的美国若尔治阿省兰得地方万国赛会，另一次为德国柏林艺业会，晚清政府的态度均为晓谕商民参与。1900 年收到一次，即法国巴黎万国赛奇会（法国巴黎世博会），对于此次世博会，晚清政府稍加重视，采取的态度是官民组团参加。[1] 中国丝绸博物馆收藏的纺织品即来自 1895 年德国柏林艺业会和 1900 年法国巴黎世博会。

---

① 洪振强. 民族主义与近代中国博览会事业 [D]. 武汉：华中师范大学，2006.

中国近代海关职能庞杂，代表晚清政府承办参展世博会也是其职能之一。在 1867 年至 1905 年的 39 年间，海关总共承办了不少于 29 次国际博览会展出事务①。在晚清这一特定的历史时期，海关具有筹办参展世博会的显著优势，一是海关隶属于当时主管通商事务和对外交往的总理衙门（后改称外务部）；二是稳定可观的关税收入可以为世博会筹备和参展提供一定的经费保障；三是近代海关建立了一套行之有效的制度并配有人员编制，可以顺利完成展品报关及通关事务；四是来自各国的海关洋员有语言之利，可与不同国家顺利沟通。海关代办中国参展事宜，发挥了组织完备、精通国际规则、办事高效的优势，一定程度上起到了帮助世界更好地了解和欣赏中国文化的作用。

通过一系列世博会的参与，海关形成了一套分工有序的收集运送展品的海关网络体系。海关在展品的遴选、收集、运送、展出等方面进行策划和安排，并派出洋员打理会务。为了便于收集展品，从 1873 年筹备维也纳博览会开始，海关总税务司制定了一套较为可行的划区收集管理办法，将 14 个通商口岸划分为北、中、南三个区，北区负责牛庄、天津、烟台，中区负责汉口、九江、镇江、上海、宁波，南区负责福州、厦门、淡水、高雄、汕头、广州，分区管理展品收集、包装、发运等工作。②海关总税务司指定北方区中心海关为津海关（天津），南方区中心海关为粤海关（广

---

① 罗靖. 近代中国与世博会 [D]. 长沙：湖南师范大学，2009.

② 詹庆华. 晚清海关洋员与世界博览会——以海关洋员眼里的世博会为例 [J]. 上海海关学院院报，2010（3）：78-80.

州），华中区中心海关为江海关（上海）。

晚清时期，海关筹办世博会的大致程序是：总理衙门授权海关筹展之后，各地海关税务司首先张贴公告在社会上广泛征集展品，晓谕工商界自愿选送物品参加展览，展品免征出口税，欲参展者与各口岸海关交涉；按照各口岸海关征集展品办法的规定要求，指定专人对本口岸的展品进行复核和查验，复核的目的是查看展品所有人是否将品名、规格、产地填写清楚，查验的目的是履行海关职责，查看申报是否与实物相符，估价是否准确，以防止逃避关税的行为；对通过初步审查的展品进行编号登记，采用规定尺寸的外包装运往中心海关；最后，中心海关集中展品发往一个汇总海关，再由筹展代表团成员总复核，从该港口租船启运航行至举办国港口。由于晚清时期上海航运条件较优越，多数情况下各地展品都集中到上海港，从上海港启运航行至举办国港口。

为了使筹备过程顺利，海关制定了一系列制度，如各口岸海关征集展品办法，包装标志、分类编号规定，展品出境和复运入境免除关税措施等。为了防止重复，各港口负责将收集的展品进行细致分类并编号。如 A 类为从亚洲、非洲、大洋洲各国进口的产品，B 类为中国产品以及中国的出口工业品，C 类为运往中国各口岸的中国产品，D 类为博览会现场各类展品。[①]

在中国丝绸博物馆收藏的 1895 年德国柏林艺业会参展纺织品

[①] 总税务司通令 1872 年第 5 号，1872 年 9 月 23 日，《总税务司通札》（1861—1875）第一辑。

上，有些依然保留着百余年前粘附其上的标签，较完整者一般有两张标签——较大者为英文，标明分类、编号、口岸、英文名称、德文名称、到达港口、价值，也许为各口岸初步查验时所做的标记；较小者为德文，内容与英文标签大致

图1 某参展纺织品上附的标签

相同，亦是标明名称、编号、口岸、规格、价值，也许为总复核时所贴（图1）。细细辨别这些标签，我们发现这批织物品种齐全，包括平纹、斜纹、缎纹、提花、纱，大多为精美的丝绸，分别来自上海、南京、烟台、汉口、九江、福州等口岸，其中以上海口岸居多。

二、工商主导

　　早期世博会大多以工农业为展览主题，以工商业者为参展主体，使参展的各国工商业精英，通过展品比较和彼此交往，看到外国新的产品和生产技术，获得新的世界经济信息，开辟新的国际经济合作路径，从而推动各国工农业生产进步，促进国际经贸交流与合作，为国际经贸关系的建立和发展开辟道路。因此，早期世博会无疑既具有民间经济外交的功能，也具有商人外交的属性。

　　虽然晚清政府对早期世博会不甚热衷，但是开明的工商界还

是看到了其中的商机。鸦片战争之后，中国逐渐融入世界资本主义经济体系，国内资本主义经济得到一定发展，依托各个通商口岸发展起来的城市数量和规模也逐渐扩大。中国市场的被迫开放和条约口岸制度的形成，使洋行、买办、商行在各个口岸城市得到迅速发展。

上海是最早开埠的口岸，并迅速成为远东繁华都市，这里聚集了一大批最早到沪闯荡并因此发迹的商人买办阶层，他们与外界接触频繁，具有国际眼光，了解西方商业制度，熟悉国内行情，经营自己的钱庄、当铺、茶栈、绸庄、布号等。这些工商人士目光敏锐，思路清晰，深谙经商盈利之道，清楚了解丝、茶、瓷是中国传统的大宗出口商品，而论获利之巨，"无他物更驾于丝茶之上者"，丝和茶应是最能赢得国际市场空间的出口商品。

1851 年在伦敦举办首届世博会时，上海买办商人徐荣村以其经营的"荣记湖丝"获得铜奖，这是中国商人与世博会之关系的最早记载。之后，中国商人还自行组织参加了若干次世博会，时至 1895 年，依然积极参与了在德国柏林举办的艺业会。

在中国丝绸博物馆收藏的 1895 年德国柏林艺业会参展纺织品中，有一些依然保留着当年的上海商号附着其上的标签，涉及商号有"九章号""老介福"等，其中九章号选置的展品居多，上附标签以钤印和墨书的形式记录了商号名称、商品名称、商品规格、商品产地、商品价格等信息（图 2）。

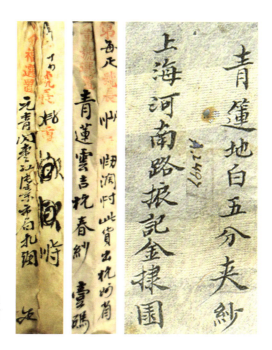

图2 1895年德国柏林艺业
会参展纺织品上的商
号信息

九章号和老介福是当时上海甚至全国闻名的绸缎庄老字号。尤其是老介福，全称老介福呢绒绸缎商店，开设于1860年，最初以经营丝葛、绸缎著称，并收集精美化型图案，自行设计花色，直接向沪、杭、苏、兴（嘉兴）等地丝织厂定织、定染，特别加工。花样多、色彩艳、品种全，被誉为丝绸总汇。一些高层次消费者诸如电影界明星、戏剧界名演员制作时装或行头用料，都到这家商店挑选。老介福还提供代客成衣，设立成衣柜，形成卖料、加工、成衣一条龙服务。据《上海市黄浦区商业志》等记载，20世纪20年代初，老介福、九章号、老九纶、老九和、大纶、大盛等六家老字号联合组成了上海著名的丝绸业"大同行"。

三、洋棉日盛

为展示世界各国进行国际贸易的状况，世博会鼓励各国送出本国所有重要港口、海港进行的国际贸易货样或样本作为展览品。在中国丝绸博物馆收藏的 1900 年巴黎世博会参展纺织品中有大量国外公司生产的织物，它们应属晚清海关经管的进口货物。这些纺织品大多为棉织品，部分来自当时的棉布生产大国，如英国和印度，在一定程度上反映了当时世界纺织的格局，从中可以想见"洋纱"和"洋布"的大宗进口对中国近代棉纺织手工业的影响。

自宋末元初中国本土开始植棉到明末，棉纺织副业已成为中国小农经济不可或缺的生产活动，其在中国经济结构上的地位已仅次于农业。但是近代开埠以后，棉纺织副业在小农中的重要地位开始减弱，其最主要的原因是大量欧美棉织品的输入。在整个 19 世纪，鸦片和棉织品是中国进口贸易的主体。除去鸦片不计，洋布和洋纱的进口占了 19 世纪中国进口贸易的主要部分。19 世纪 90 年代以前，棉货一直居中国进口商品首位。[1] 棉货为中国进口货物之大宗，而各国向中国输入棉货，以英国为最早。自 1860 年至 1890 年，英国棉货几乎独占中国市场。继英国之后，美货进口见多，主要以粗布粗纱销售于北方诸省，1907 年后受日货之竞争渐见萎缩。"19 世纪末，印度纺纱工业既见发达，亦输粗纱于长江一

---

① 于新娟. 甲午战争前五十年棉织品进口贸易的整体态势 [J]. 北方论丛，2006（2）：97–101.

带及闽粤沿海地区，英国粗布粗纱之销路，颇为美印所夺，渐趋重于细纱细布"，印度棉布对华贸易在19世纪末成为大宗进口。对于华北地区而言，"棉纱棉布的最大进口国当系后起之日本"。当印度棉货大量涌入中国市场时，日本棉货亦渐现于中国市面，在南方与英印竞争，在北方与英美竞争，终以其运费较廉而销路渐广。[①]

　　根据商标上的文字信息，我们可以获知，这批纺织品来自印度孟买、英国曼彻斯特，以及法国和当时的法属殖民地柬埔寨、塞内加尔、澳大利亚等地。其中本色棉布（2012.66.303）上有"义和"字样的商标（图3），即著名的怡和洋行。怡和洋行为老牌英资洋行，由两名苏格兰裔英国人威廉·渣甸（William Jardine，

图3　本色棉布及"义和"字样的商标

---

① 刘淼. 晚清棉纺织业贸易与生产体系转型的地域分布［J］. 中国社会经济史研究，2003（4）：76—85.

1784—1843）及詹姆士·马地臣（James Matheson，1796—1878) 创办，商标上正是两位创办人的英文名字。怡和是远东最大的英资财团，清朝时即从事与中国的贸易。1832 年，怡和洋行在广州成立，1842 年将总公司从广州迁至香港，1843 年上海怡和洋行成立，曾经长期是上海规模最大的一家洋行，经营怡和纱厂（杨树浦）、怡和丝厂，以及进出口贸易、长江和沿海航运等众多业务。1912年以后，怡和的公司总部设在上海。

在这批纺织品中，有些纹样具有典型的异域特色，如红地印花花卉人物棉布（2012.66.131）兼具印度特色与英伦风范（图 4）。

图4 红地印花花卉人物棉布

四、素质彩染

参展早期世博会的晚清时期纺织品体现出纤维材质、织造工艺、染料品种和染色技艺的多样性。

从纺织材料来看，承袭传统的丝毛棉麻依然是大宗，但亦有诸如棉毛、丝棉的混纺以及丝光棉的应用。混纺织物的优点就是通过两种或两种以上不同种类纤维的有机结合，取长补短，优势共存，满足人们对织物的不同要求。在1900年巴黎世博会参展纺织品中，绿色红边棉布（2012.66.129）为棉丝混纺，方格条纹布（2012.66.168）为棉毛混纺（图5）。棉纤维制品因其良好的吸湿性能、柔软的手感以及与人体接触时舒适的触感，长期以来一直备受人们的喜爱。未加工整理的棉纤维制品容易缩水、起皱，染色效果差，因此大量的棉纤维制品要进行丝光处理。丝光技术工业化始于1895年，1927年的文献上也曾出现有关丝光的记载，"因其即染部分起有丝光化作用，大可增进染料之吸收度也"[1]。从晚清参展世博会的棉纤维微观形态来看，部分纤维

图5 方格条纹布

---

① 曹振宇. 中国近代合成染料生产及染色技术发展研究 [D]. 上海：东华大学，2008：152.

图6 彩条几何纹棉布

横截面较现代棉纤维圆整，纵向扭转较少，轴向细度均匀，类似于现代丝光棉纤维，如彩条几何纹棉布（2012.66.29）应经过丝光工艺处理（图6），填补了1927年之前中国关于丝光棉记载的空白。

从染料而言，最大的特点在于晚清时期合成染料的异军突起。在1895年德国柏林艺业会的参展纺织品中，我们发现，少数织物由天然染料苏木、黄檗、紫胶虫、单宁等染色，而多数织物为半合成/合成染料染色，诸如品红、甲基紫、孔雀绿、酸性红/黄等主要合成染料。合成染料因其高效的上染率、优异的色牢度、便捷的染色方法让天然染料逐渐退出了染料市场。

从工艺而言，早期世博会上的晚清时期纺织品涵盖了织、染、绣、印、绘等多种纺织品加工工艺，是当时纺织技艺发展水平的体现。另外，该批纺织品的图案也极具时代特点。晚清时期纺织品的图案可谓图必有意，意必吉祥，因此，在世博会展出的纺织品中，不乏蝙蝠（福）、双鱼（余）、石榴（多子）、瓶（平）、磬（庆）、荷花（和）等纹样，表达人们对美好生活的愿景。同时，人们通过印花、手绘的方式，对中国传统纹样进行变化处理，使其更符合欧洲人的审美习惯。

关于纤维、染料和工艺的更多信息，可以参见相关论述。

五、结　语

世博会自创设伊始就不仅是工业文明和科技进步的展示之所，也是各国综合国力的角力之地。晚清之际，正值中国国运衰落时期，但早期世博会上也不乏中国人与中国展品的身影。通过早期世博会，近代中国也在寻求强国之道，即由发展实业等形式在国际上争得一席之地。

通过对早期世博会历史的寻绎、早期世博会上中国纺织品的追索，特别是基于对 1895 年德国柏林艺业会和 1900 年法国巴黎博览会上中国参展纺织品实物所开展的纤维、纱线、染料、工艺等方面的科学分析检测和研究，能对近代中国的纺织生产、贸易往来及走向世界的曲折历程有一具象的认识。

百余年后回眸，由丝绸所带动的交流与发展正在焕发新一轮的生机。

丝苎纺绩——早期世博会上的纺织纤维种类

周　旸　邢梦阳

纺织起始于对纤维的创造性利用。早在 10 万年前的旧石器时代中期，先民广泛采集野生纤维和动物毛发，用于制作原始的绳索和网具进行渔猎，开启了纺织的历史；时至旧石器时代晚期，缝纫技术、搓捻线缕、编织布帛已经出现；新石器时代，先民对天然纺织纤维的认识日渐深刻，发明了纺坠和原始腰机，开始织制真正意义上的纺织品；新石器时代的后半期，男耕女织原始分工出现，纺织原料的利用、原始纺织工具的制造、纺织产品的数量和质量都发展迅速。此时中国特有的丝织技术出现，蚕桑完成了从野生到家养的驯化培育，中国开始栽桑育蚕，缫丝织绸，养蚕技术向外传播，为后世纺织生产的发展奠定了坚实基础。时至晚清，对纤维的利用更是炉火纯青，在近代科学技术的催生下亦出现诸如丝光棉之类的新生事物。

中国丝绸博物馆收藏了一批早期世博会的纺织品，分别来自 1895 年德国柏林艺业会和 1900 年法国巴黎世博会，绝大多数为未经加工的匹料和面料。我们在此对纤维研究结果进行总结，并尝试将其放到早期世博会和晚清的历史背景下进行释读。

对于古代纺织品而言，丝毛棉麻一直是最为常用的天然纺织纤维，不同天然纤维具有不同的截面和纵向形貌特征，基于形貌分析可以有效地进行纤维鉴别。本文采用哈氏切片器对样品进行切片，在光学显微镜下观察纤维的横截面形态并获得放大1000倍的截面图片，在光学显微镜下观察纤维的纵向形态并拍摄放大1000倍的纵向图片。

一、丝织物

桑蚕丝是由蚕体绢丝腺分泌出的天然蛋白质纤维，是十分优良的纺织原料，具有强韧、纤细、光滑、柔软、耐酸等优点。可用作纺织原料的丝主要有桑蚕丝、柞蚕丝和蓖麻蚕丝，其中以桑蚕丝为主。

中国是世界上最早开始栽桑缫丝织绸的国家，几千年来，桑蚕丝一直是丝绸的主要原料。晚清时期，中国丝绸依然保留着传统优势，屡屡在世博会上精彩亮相。在这批纺织品中，出现了大量精美的桑蚕丝织物，以红绿闪色丝绸（2012.66.128）为例（图1），其经线和纬线的截面形貌均呈不规则三角形，具有典型的桑蚕丝特征（图2），应为先染后织而成。

图1 红绿闪色丝绸局部

图2 红绿闪色丝绸纤维截面1000×

二、棉织物

棉是锦葵目锦葵科棉属植物种籽上被覆的种籽纤维。人类利用原棉已有悠久的历史，早在公元前5000年甚至公元前7000年，中美洲已开始利用，在南亚次大陆也有5000年历史。

在这批纺织品中出现了大量棉织物，以花卉纹印花棉布（2012.66.65）为例（图3），可以明显地看到其具有棉纤维的特征——纵向存在着天然转曲，截面呈腰圆形、有中腔（图4）。

由于棉纤维的纵向有天然转曲，横截面呈不规则有中腔的腰圆形，因此对光线反射无规律，导致棉织品大多光泽暗淡。为了加

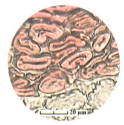

图3 花卉纹印花棉布
　　局部

图4 花卉纹印花棉布纤维截面和纵向1000×

强棉纤维对光线的有规律反射，使之具有丝光效果并且改善其上染性能，丝光技术应运而生。丝光处理是将棉纱或棉布在张力状态下用浓碱进行处理的过程。洗去碱液后棉纤维的纤维形态发生了物理变化——天然转曲消失，纤维膨胀直径加大，横截面近似圆形。丝光处理加强了棉织品对光线的有规律反射，提高了其对染料的吸附能力，使其表面呈现丝一般的亮丽光泽。在这批棉织物中，部分纤维横截面比较圆整，纵向扭转较少，轴向细度均匀，类似于现代丝光棉纤维。如彩条几何纹棉布（2012.65.29）（图5），纤维的纵向表现为天然转曲少，横截面接近圆形，腰圆形中腔变小，几乎消失（图6）。

图5 彩条几何纹棉布局部

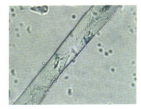

图6 彩条几何纹棉布纤维截面和纵向1000×

丝光技术工业化始于 1895 年，1927年的文献上也曾出现有关丝光的记载，"因其即染部分起有丝光化作用，大可增进染料之吸收度也"①。晚清时期，许多外国厂商充分运用近代科学技术的优势，对棉织品进行丝光处理，又因机器织造

---

① 曹振宇. 中国近代合成染料生产及染色技术发展研究［D］. 上海：东华大学，2008：152.

门幅较宽，厂商又着力提高品质和降低成本，此类棉织品人称"洋绸"，为普通消费者所乐见。晚清时期，有一种"泰西缎"，亦称"羽毛绸"，经纬均系丝光棉纱织成，成本极低，然而经过烧毛轧光新工艺处理，外观极像纯丝织物。幅宽 32 英寸的"泰西缎"售价极低，在上海附近每尺仅售 0.12 元，只及国产绸缎的三分之一到十分之一，一时间，"几致无处不售泰西缎者，亦几致无人不服泰西缎者"[①]。

　　棉花传入中国大约有三条不同的途径。根据植物区系结合史料分析，一般认为棉花是由南北两路向中原传播的。南路有两条，最早是印度的亚洲棉，经东南亚传入海南岛和两广地区，据史料记载，至少在秦汉时期已有传入，之后传入福建、广东、四川等地区；第二条途径是由印度经缅甸传入云南，时间大约在秦汉时期。北路是非洲棉经西亚传入新疆、河西走廊一带，时间大约也在南北朝时期。至明清时期已是"棉布寸土皆有"，"织机十室必有"，可知当时植棉和棉纺织已遍布全国。由于非洲棉和亚洲棉品质不佳，产量也低，所以到了清末，中国又陆续从美国引进了陆地棉良种，现在中国种植的全是陆地棉及其变种。陆地棉纤维长度在 21 ~ 33mm，纤维直径为 13.5 ~ 19μm。从部分样品的棉纤维长度和投影宽度来看（表 1），样品的特征均在陆地棉的特征范围内，因此可初步判定此批棉纤维的种类为陆地棉。

---

① 周德华. 南洋劝业会与丝绸（2）[J]. 丝绸，1998（2）：41-44.

表1　纤维长度、转曲、投影宽度测量结果

文物号	文物名称	纤维平均长度/mm	纤维投影宽度/μm
2012.66.9	红色棉布	23.08	16
2012.66.12	蓝色棉布	22.16	14
2012.66.21	蓝白细条纹棉布	21.72	14
2012.66.27	彩条菱格纹棉布	21.03	10
2012.66.29	彩条几何纹棉布	25.03	16
2012.66.232	棕色条纹网格布	22.43	14
2012.66.233	棕色条纹网格布	23.04	14

三、麻织物

麻是由植物茎秆韧皮部分形成的韧皮纤维。韧皮纤维品种繁多，纺织采用较多的有苎麻、亚麻、黄麻、大麻、罗布麻等麻纤维。在本批纺织品中，有若干件为苎麻和大麻织成，还有一件为比较特殊的韧皮纤维。

苎麻为雌雄同株的荨麻科多年生草本作物，自古以来为我国纺织原料之一，用苎麻加工制成的苎麻布是中国传统纺织品之一。中国关于苎麻较早的记载是《诗经·陈风·东门之池》："东门之池，可以沤纻"，其中的"纻"即指苎麻。在这批纺织品中也发现了几件苎麻织物，如印花麻布（2012.65.4）（图7），其纤维的纵向外观为圆筒形或扁平形，没有扭转，纤维表面有明显的条纹，横结不明显。横截面为椭圆形，内有椭圆形或腰圆形中腔，胞壁厚度均匀，有辐射状裂纹，属于比较典型的苎麻纤维（图8）。

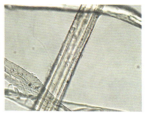

　　　　　　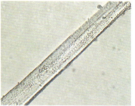

图7　印花麻布局部　　　　　　　图8　印花麻布纤维截面和纵向1000×

　　大麻是雌雄异株植物，其中雌麻的籽粒可作为粮食食用，雄麻的纤维细柔，可作为纺织原料，早在史前时期就已被利用。在《诗经》中就有"东门之池，可以沤麻"的句子，其中的"麻"即指大麻。在这批纺织品中，本色麻布（2012.66.284）即为大麻织物（图9），纵向形态呈圆管状，纤维表面粗糙，有纵向微孔和裂纹，横向有刀刻纹，无天然扭转。纤维的横截面多为不规则的三角形、四边形、六边形、扁圆形、腰圆形或多角形等，中腔较大，呈椭圆形，具有典型的大麻纤维特征（图10）。

图9　本色麻布　　　　　　　图10　本色麻布纤维截面和纵向1000×

　　在这批纺织品中，有一块材质独特的土黄色麻布（2012.66.31）（图11）。通过光学显微镜、扫描电子显微镜对截面形貌和纵向形态进行观察，发现其不同于其他常见的麻纤维——纤维呈束状，排列密集，单纤维横截面形态为椭圆形，胞内有中腔，中腔

较小，单纤维平均宽度约为 2 ～ 3μm，而苎麻纤维的宽度约为
20 ～ 80μm，大麻纤维的平均宽度约为 16 ～ 20μm，纤维平均宽
度仅为普通麻纤维的十分之一，纤维横截面积远小于苎麻和大麻；
从纵向形态可看出，纤维并未完全脱胶，束纤维是由多根单纤维
粘结而成，束纤维的直径较大，单纤维之间存在胶质粘结紧密，
每根单纤维的直径相差不大，横截面呈细胞状，近似卵圆形，胞
内有中腔（图 12）。初步判断类似于剑麻，但是需要进一步研究方
能确认。

图11　土黄色麻布

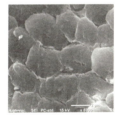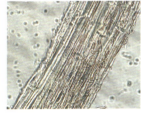

图12　土黄色麻布纤维截面和纵向1000×

四、毛　毡

　　毛纤维从动物身上的毛发中取得，纺织品中使用最多的是绵
羊毛。目前所知最早的毛纤维应是 1972 年在甘肃永昌鸳鸯池新石
器时代墓地 29 号墓中出土的细石管内发现的黄色纤维，经鉴定为
毛，年代为公元前 2300 年至公元前 2000 年。在新疆小河、营盘
等地都有毛织物出土。

　　此批参展世博会的纺织品中有一件年代为 1895 年的暗红色毛
毡（2012.66.26），毡面上印有"元亨（正）"中文标识，经鉴定

纤维材料为羊毛（图13）。其纤维形貌具有典型的羊毛特征——横截面多数为圆形，有极少数的纤维横截面呈椭圆形，纤维内部有中腔，横截面直径远大于周围的圆形纤维，横截面较为完整，纤维纵向有鳞片（图14）。从截面照片上可以看到一些直径较粗、中有髓质的导向毛，这是毛毡无需上机织造，对羊毛品质要求不是太高的缘故。

图13 暗红色毛毡　　　　　图14 暗红色毛毡纤维截面和纵向1000×

五、丝　布

"经丝作经，而纬以棉纱，曰丝布，即俗所称云布也。"（《松江府志》）丝棉交织的丝布，明代已有，晚清时期，丝织品花样翻新，纯蚕丝织品、人造丝织品、蚕丝与人造丝交织品、蚕丝与棉纱交织品、人造丝与棉纱交织品等，层出不穷，丝布"不仅成本低廉，而且美丽鲜艳，更能充分发挥丝绸轻柔坚美的特长"[①]，因此在这批纺织品中发现丝棉交织物亦属正常，以1900年的绿色红边

---

① 苏州档案馆藏：《工展特刊稿》。

棉布（2012.66.129）为例（图15），其经线为丝，红色和绿色纬线均为棉（图16）。

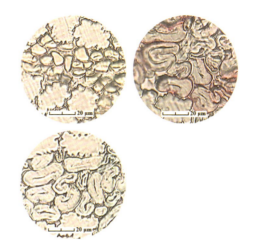

图15 绿色红边棉布　　　图16 绿色红边棉布丝经和棉纬的纤维截面 1000×

六、棉毛交织物

在这批纺织品中，有一件年代为1900年的方格条纹布（2012.66.168）（图17），其形制类似于毯，即为棉和毛的交织物（图18），此类织物具有厚实、柔软和保暖的优点。

西风东渐的不断浸淫，外来洋货的愈推愈广，对中国社会的生活时尚和人们的消费心理产生了强烈的影响。在服饰上，随着西装革履的逐渐流行，毛织物日益受到人们的青睐。中国传统毛织业多是织造毡、毯等物，"惟用以制绒织呢，或取以与棉交织，则

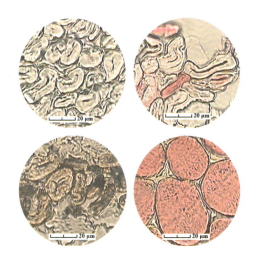

图17 方格条纹布　　　　图18 方格条纹布棉经和毛纬的纤维截面1000×

向乏此种制造能力。产量既微，需求复多，势惟有仰给于外货"[1]，据此推测此件织物应为洋货。

① 杨大金．现代中国实业志［M］．台北：华世出版社，1978：192.

革故鼎新——略谈晚清纺织染料

刘　剑

早在公元前 5 世纪左右，中国的丝绸就已经输出境外，俄罗斯阿尔泰地区巴泽雷克墓中就曾出土过精美的刺绣[①]。到了公元前 2 世纪，张骞出使西域拉开了官方丝绸贸易的大幕，使中国的丝绸源源不断地输出至西方。珍贵的丝绸制品深受西方的喜爱，当然离不开其华丽的色彩，因而中国古代的印染技术也必然在当时处于先进地位。根据文献记载，丝绸的印染早在周朝就已经开始[②]，从那时起到 19 世纪中期，天然染料是中国乃至世界纺织业的唯一染料来源。然而，随着英国化学家威廉·亨利·帕金（W. H. Perkin）在 1856 年发明了苯胺紫，合成染料工业开始迅猛发展，欧洲各国化学家、商人纷纷投入到这一利润丰厚的新兴产业，至 19 世纪末，30 余种合成染料被注册专利，而天然染料市场开始日渐萎缩。那么在一个世纪前的中国，丝毛棉麻上的染料究竟是源于天然的动植物还是已经采用了合成染料呢？

中国丝绸博物馆收藏的一批曾经参加早期世界博览会的晚清

---

① 格里亚兹诺夫，达维母，斯卡郎. 阿尔泰巴泽雷克的五座古塚 [J]. 考古，1960（7）：63–69.

② 陈维稷. 中国纺织科学技术史（古代部分）[M]. 北京：科学出版社，1984.

时期的纺织品也许能解答上述问题，为此我们选择了 1895 年在德国展出的 45 件藏品作为染料分析的对象。基于高效液相色谱质谱联用技术（HPLC-DAD-MS），染料成分的鉴别结果显示，一部分织物由天然染料苏木、黄檗、紫胶虫、单宁等染色，另一部分则为合成染料染色。也就是说，至迟在 19 世纪 90 年代，欧洲的合成染料已经大量输入中国。下文将根据清代文献中关于染料品种的记载[①] 和韦勒姆（R. D. Welham）对早期合成染料历史的论述[②]，以科学分析手段为依据，简单说明 1895 年中国纺织染料的主要品种。

一、天然染料

清代印染技术传承自明代，因而《本草纲目》《天工开物》等明代文献记载的染料品种在清代也多有使用。到了晚清，天然染料的使用日渐减少，在这批 1895 年中国外展纺织品中，可以明确认定为天然染料的是苏木、黄檗、紫胶虫和单宁类植物（五倍子或橡碗子），仪器分析检测出这些染料的主要色素成分见表 1。关于 19 世纪末的天然染料，特别需要注意的是蓝色染料。因为早在 1878 年，德国化学家拜尔（Baeyer）就通过氧化靛红而得到合成靛蓝。但是，直到 20 世纪初，在霍伊曼（Heumann）、费格尔

---

① 李斌. 清代染织专著《布经》考 [J]. 东南文化，1991（1）：79-85；王业宏，刘剑，童永纪. 清代织染局染色方法及色彩 [J]. 历史档案，2011（2）：125-157.

② Welham, R. D. The Early History of the Synthetic Dye Industry [J] . *Journal of the Society of Dyers and Colourists*，1963（3）：98-105.

（Pfleger）等人的努力下，合成靛蓝才进入成熟阶段 ①，所以，1895
年中国纺织品上的蓝色染料多数来自天然靛青。不过，也不能完
全排除合成靛蓝的输入，这是因为 1890 年拜耳的第二种合成方法
曾由巴斯夫公司投产，尽管该方法仍然不够成熟。

表1　1895年德国柏林艺业会上部分纺织品中的天然染料

文物号	文物名称	化合物	天然染料
2012.66.26	暗红色毛毡	氧化巴西红木素、type C 化合物	苏木
2012.66.37	黑色棉布	靛蓝、靛玉红	靛青
2012.66.47	绛红色杂宝纹暗花罗	紫胶虫酸 A 和 B	紫胶虫
2012.66.68	深蓝色麻布	靛蓝、靛玉红	靛青
2012.66.69	黑色聚茂福号素绢	鞣花酸	五倍子或橡碗子
2012.66.77	蓝色云纹地团窠花卉纹暗花绸	靛蓝、嵌玉红	靛青
2012.66.86	蜜黄色百蝠杭熟罗	小檗碱、巴马汀	黄檗
2012.66.91	元青色八宝云纹实地纱	揉花酸及衍生物	五倍子或橡碗子
2012.66.93	藏青色团寿暗花缎	氧化巴西红木素、type C 化合物、靛蓝、靛玉红	苏木、靛青

---

① 李明威，宋双雪，武国山. 漫话靛蓝今昔——纪念合成靛蓝一百周年[J]. 染料工业,1995(1)：
　20-26.

二、合成染料

1. 硝基染料

苯胺紫被认为是第一种合成染料。英国化学家帕金在合成奎宁时偶然发现了这种可以染丝绸和羊毛的紫色染料[①]，揭开了世界染料史的新篇章，同时也让他本人赚得盆满钵满。

但是早在 1771 年，沃尔夫（Woulfe）就曾用硝酸处理靛蓝而获得一种可以染丝绸的黄绿色染料，这种半合成染料就是苦味酸，即三硝基苯酚（TNP）。由于价格昂贵并且染色效果不如天然染料，这种黄色染料并未被广泛地引入当时的染料市场。不过我们在样品葵绿子孙蝠鹤真顶衣湖绉（2012.66.44）上检测出苦味酸，说明在 19 世纪末仍然在使用这种染料。非常有趣的是，这种并不理想的染料却是一种高效的炸药，在第一次世界大战中被广泛利用，直至 20 世纪中期才被更为安全的三硝基甲苯（TNT）所替代。

2. 三芳基甲烷染料

苯胺紫发明之后，另一个重要的紫红色染料——品红出现在染料市场。从 1858 年至 1860 年，品红的英文名曾有三种：Magenta、Rosaniline 和 Fuchsine。同时，在合成品红时也采用过不同的氧化剂，如氯化锡、氯化汞、砒酸等，这是因为当时的发明人想避免专利争议。在品红色暗花杭熟罗（2012.66.96）上我们发现了这

[①] 徐毅.世界上第一只合成染料是如何诞生的？——纪念苯胺紫发明 150 周年 [J]．印染，2006（16）：59.

种染料。事实上，品红是一种混合物，一般包含 4 种色素，通过 HPLC-PDA-MS 分析可以指认出副品红（Pararosaniline）、品红（Rosaniline）、品红 Ⅱ（Magenta Ⅱ）和新品红（New Fuchsine）。在希腊北部圣山（Mount Athos）修道院收藏的 19 世纪末 20 世纪初的纺织品中也检测出这 4 种品红色素。[①]

在这批 1895 年的中国纺织品中我们未能找到苯胺紫染色的样品，这并不奇怪，因为 1861 年劳思（Lauth）发明的甲基紫染料投入到印染工业后很快取代了苯胺紫。同样，类似于品红，甲基紫也是一种含有不同色素的混合物，八宝纹宁绸（2012.66.97）上可见 4 种基于副品红的四、五、六甲基衍生物。甲基紫不仅是一种重要的紫色染料，在日常生活中还是一种使用便捷的消毒剂，即龙胆紫，也就是我们熟知的紫药水。

孔雀石绿也属于三芳基甲烷系列的染料，这一类染料有上文提到的品红和甲基紫。它们的共同点就是染料分子是基于副品红的各种衍生物，每种染料常含有三至四种色素。在绿色素绢（2012.66.11）上就存在孔雀石绿染料。孔雀石绿除了用作染色，在 20 世纪 90 年代还被当作水产养殖中的抗菌剂广泛应用，但是由于该化合物具有很强的毒性且易残留，2005 年以来在我国已被严禁在食用鱼类养殖中添加。

3. 偶氮染料

人们一谈到偶氮染料就会想到它们的致癌性能，欧盟和中国

---

① Mantzouris，D.，Karapanagiotis，I.，Valianou，L. et al. HPLC-DAD-MS analysis of dyes identified in textiles from Mount Athos. Anal Bioanal Chem [J]. *Analytical and Bioanalytical Chemistry*，2011，399（9）：3065-3079.

也曾列出禁用的偶氮染料名录 ①。而事实上，真正危害人体健康的偶氮染料仅仅占总数的 5% 不到。1876 年，陆森（Roussin）发明了第一对偶氮染料：橙色 Ⅰ 和橙色 Ⅱ。在中国丝绸博物馆收藏的清末纺织品中也含有橙色偶氮染料，如橘色菊花纹暗花绸（2012.66.48）上的色素就来自橙色 Ⅱ。

4. 蒽醌染料

茜素是公元前 2000 年以来最重要的天然染料之一——茜草（*Rubia tinctoria*）的主要色素成分。这种媒染染料在 1868 年由 Graebe 和 Liebermann 合成，溴化蒽醌后用碱熔法获得茜素。但是，溴价格昂贵，使用这种合成方法无法商品化生产茜素，1869 年，Caro 和 Perkin 发明了高温磺化蒽醌后用碱熔法得到这种染料。此后，合成茜素开始大量生产，导致了法国和荷兰的茜草市场的消亡。在 1895 年中国纺织品中，花卉纹印花棉布（2012.66.65）上的红色染料就含有茜素。同时，在 HPLC-PDA-MS 谱图上还发现有两个同分异构体，可能就是蒽茜紫素（*anthrapurpurin*）和黄茜紫素（*flavopurpurin*）合成茜素时的副产物，这两个色谱峰的存在证明了该件棉布上的茜素并非来源于茜草。

三、结　语

通过化学分析方法，借助 HPLC-PDA-MS 技术，我们鉴别出

---

① 王卉卉，牛增元，叶曦雯，等. 染色纺织品与皮革制品中 23 种禁用偶氮染料的高效液相色谱法测定 [J]. 分析测试学报，2009（8）：944-948.

1895年代表中国在德国柏林艺业会展出的纺织品中的染料涉及两个类别，一是天然染料，包括苏木、黄檗、紫胶虫、单宁类植物等，其中蓝色染料中含有靛蓝和靛玉红，很可能也是来自靛青类植物。二是合成染料，包括硝基染料苦味酸，三芳基甲烷染料品红、甲基紫、孔雀石绿，偶氮染料橙色Ⅱ，蒽醌染料茜素。由此可见，当时各个品种的合成染料已经从欧洲输入中国并应用于纺织印染。对中国染料市场来说，19世纪末20世纪初是一个革故鼎新的时代。

艺寄吉祥——早期世博会上丝绸的品种与纹样

杨汝林

丝绸源于中国，历史悠久，它在经历了几千年漫长的发展后，至清代发展到了高峰。在生产工艺、文化价值、产业规模、国际影响等方面都达到了当时社会的最高水平，对于中华文明乃至世界的文明传播做出了重大的贡献。这一时期中国丝绸，除了遵循传统的设计制作特点外，也刮起了阵阵"洋风"。本文以中国丝绸博物馆藏的晚清世博会参展的丝绸为例，进行分析研究。

一、晚清世博会与纺织

据记载，丝绸早在清咸丰元年（1851）第一届英国万国工业产品博览会上就已经亮相，并且一举成名，获得英王亲赐的奖牌，为中国丝绸打开了英国市场。[①] 而后，在 1867 年、1873 年、1876 年、1893 年、1895 年、1900 年及之后的几十年中，中国丝绸都频

---

① 卫夏明．关于丝绸与世博会的探究［J］．丝绸之路，2013（24）：23-24.

繁出现在国外举办的各类博览会中。① 从丝绸设计与生产技艺的角度审视，这些国际博览会是中外纺织品文化交流的舞台，成为中西纺织技艺交流的重要场所。本文所涉及的世博会纺织品，主要是1895年及1900年代表中国参展的丝绸。

二、晚清世博会丝绸的工艺与品种

该批世博会纺织品涵盖了织、染、绣、印、绘等多种纺织品加工工艺，是当时纺织技艺发展水平的体现。而从丝织品种分，有纱、绉、绸、绫、罗、缎等多种，也出现闪色丝绸、扎经染色等单层色织物及刺绣。

1. 纱

纱是一种轻薄透类的织物，1∶1平纹组织，也可以称为平纹纱，如图1（2012.66.15）所示；但在绞经织物中，有一种两根经线相互绞转并每一纬绞转一次的组织也被称为纱。暗花纱约在宋初出现，而到清代发展极快，种类繁多，其中主要有亮地纱、实地纱、春纱等品种。这批纺织品中，就有几件实地纱和亮地纱织物。亮地纱在绞纱组织地上显示平纹组织花，所以其透孔大且显得亮，而实地纱是以平纹作地，纹纱显花的，如图2（2012.66.91）所示。

---

① 郑立君. 晚清民国博览会与中外艺术设计之交流 [J] . 艺术百家，2011（4）：194.

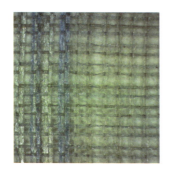 

图1 平纹纱组织结构　　　　图2 实地纱组织结构

2. 绉

绉是指通过加捻的丝线来制造的平纹织物。清代的绉也可以称为绉绸，其基本特点是通过丝线加捻产生起绉的效果。其组织结构可以多样化，也可以有织花。世博会展品中，既有平纹的绉，也有起花的绉绸。粉色绉绸（2012.66.88）即是一件淡粉色的平纹绉，其纬线为 S 捻向，且有极强的捻度，使织物有明显的起绉效果（图 3）。

3. 绸

绸在明清时期，是指平纹地上起暗花的织物，在此前，这类

图3 粉色绉绸组织结构　　图4 雪青色曲水地皮球花纹暗
　　　　　　　　　　　　　　　花绸组织结构

织物多被称为绮。在当时，多被用于制作龙袍的衬里。雪青色曲水地皮球花纹暗花绸（2012.66.43）这件织物，就是在平纹地上以3上1下Z向斜纹显花（图4）。

4. 绫

本批织物中仅见两件织物组织为绫，且均为素绫，素绫指不提花的绫织物，1上3下S向斜纹，如图5（2012.66.78）所示。

5. 罗

现代纺织中罗是指每织入奇数纬的平纹后，经线相互绞转的织物，也是绞经织物，其组织为纱罗组织。湖色蝴蝶纹杭熟罗（2012.66.59）是在平纹地上带有横向的空路的织物，即为横罗织物，同时其上也可见提花（图6）。因此，该件即为提花横罗织物。

图5 素绫组织结构　　　　图6 提花横罗组织结构

6. 缎

缎织物在明代开始成为丝绸中的主流品种，清代也是如此，其名称也十分丰富。暗花缎是指在织物表面上以正反缎纹互为花地组织的单层提花织物。花地缎组织单位相同而光面相异，故能显示花纹，在今天被称为正反缎。这批布料中，有不少这类暗花

缎，如藏青色团寿暗花缎（2012.66.93）、紫色折枝牡丹暗花缎
（2012.66.98）等，均为正反五枚缎织物（图7）。

7. 闪色丝绸

明清时期开始流行闪色丝绸。这是一种经纬线异色且通常
为对比强烈的两种色彩的单层提花织物。这批世博会藏品中就
有这样的一件对比鲜明的闪色丝绸，其经线红色，纬线绿色，
以 2 上 1 下 S 向斜纹显花（图 8）。

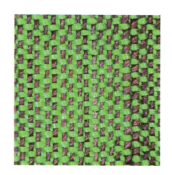

图7 正反五枚暗花缎结构　　　　　图8 闪色丝绸结构

8. 扎经染色

扎经染色，即先根据纹样设计将经丝分段扎染，染成多种
颜色，经拆结、对花后再进行织造。织造时由于不能完全准确
地对花，故纹样轮廓朦胧，产生一种"和云伴雾分不开"的
效果，颇具特色。① 从实物来看，深棕地几何纹扎经染色丝绸
（2012.66.134）即属于这类的扎经织物，可以明显看出其经线蓝

① 赵丰. 中国丝绸通史［M］. 苏州：苏州大学出版社，2005.

色—绿色、黄色—红色的转变（图9）。

9. 刺绣

清代是我国刺绣艺术最为发达的一个时期，19世纪中叶，是刺绣极为活跃的时期，且种类繁多。如这件藕色绢地龙凤花卉彩绣（2012.66.110），即是用合股的丝线，使用平针法进行刺绣，表现了中国传统的龙凤主题纹样的结构（图10）。

图9 扎经丝绸结构　　　　　　　图10 刺绣结构

三、晚清世博会丝绸的纹样

晚清时期的传统丝绸纹样，可谓图必有意、意必吉祥，因此，在世博会展出的纺织品中，也不乏蝙蝠（福）、双鱼（余）、石榴（多子）、瓶（平）、磬（庆）、荷花（和）等纹样，表达人们对美好生活的愿景。[①]同时，中国工匠也根据欧洲的流行图案，通过印花、手绘的方式，对传统的中国纹样进行变化处理，使其更符合欧洲

---

① 赵丰. 中国丝绸通史 [M]. 苏州：苏州大学出版社，2005.

图11 藕色绢地龙凤花卉彩绣

人的审美。①

1. 龙凤呈祥

龙凤是用来反映身份等级的，同时也是中国古代的吉祥神瑞，具有至高无上的地位。在世博会所展丝绸中的藕色绢地龙凤花卉彩绣（图11）上，中间绣有对龙对凤纹样，四周则对称饰以花卉蜂蝶，配色淡雅。该丝绸在世博会中展出，不仅仅是吉祥的象征，更是中华民族图腾的体现。

2. 吉祥之意

在丝织物中，用纹样来表示吉祥寓意是十分常见的艺术手法，通常用谐音、附加文字等表达。例如用石榴、葡萄表示多子，龟鹤表示长寿，用蝙蝠谐音"福"、鱼谐音"余"等，也有如意、佛手等直接表达寓意的纹样及福、禄、寿、卍等祈福文字。世博会展品中也不乏这样的纹样，如折枝牡丹葡萄兰花纹实地纱（2012.66.14）中的葡萄石榴纹样（图12）、秋香百蝠绸（2012.66.113）的蝙蝠纹样（图13）、米色云鹤杭线春绉（2012.66.120）的仙鹤纹样（图14）等，都是具有吉祥寓意的纹样。

---

① 袁宣萍. 清代丝织品中西洋风 [J]. 丝绸，2004（3）：46-48.

图12 葡萄石榴纹样　　　　　图13 蝙蝠纹样

图14 仙鹤纹样　　　　　图15 折枝兰花蝴蝶纹样

3. 四季花卉

花卉纹样取材于自然界。这一时期常见的花卉纹样有牡丹花、菊花、莲花、梅花、兰花、水仙等，其表现方式有折枝花卉、团花、流水落花、皮球花等。折枝花卉到明清时仍然十分流行。在该批丝绸中，可见本色兰花蝴蝶纹亮地纱（2012.66.75）的折枝兰花蝴蝶纹样（图15），其中就有蝴蝶、兰花等纹样；另外，花卉纹

图16 花卉纹缎

图17 红色团凤纹纱局部

图18 团花福寿纹纱局部

图19 湖蓝地几何花卉纹暗花绸局部

缎（2012.66.194）（图16）中也有菊花、牡丹、梅花等形象。

团花则是以花鸟纹样形成圆形的纹样，有红色团凤纹纱（2012.66.185）（图17）这样的以一种题材构成一个团花的，也有团花福寿纹纱（2012.66.190）（图18）这般在中心位置有一个花卉或文字主题素材，在四周又有较小纹样或者动物环绕形成的团花。另外，像湖蓝地几何花卉纹暗花绸（2012.66.55）（图19）的流水

图20 黑色云皮球锦绸局部

图21 杂宝纹样

图22 八宝纹宁绸局部

图23 八宝纹绫局部

落花，黑色云皮球绵绸（2012.66.63）（图20）的皮球花也是这一时期四季花卉纹样的典型代表。

4.杂宝纹样

杂宝纹在宋元时期已经出现，但到明清时期才逐渐定型和成熟。在元青色八宝云纹实地纱（2012.66.91）和品红色暗花杭熟罗（2012.66.96）中，都有杂宝纹样（图21），包括方胜、如意、盘长、金鱼等纹样，均是当时极为流行的。另外，浙杭蒋源利号产八宝纹宁绸（2012.66.97）更是集齐了法螺、法轮、宝伞、白盖、莲花、宝瓶、金鱼、盘长等纹样（图22）。八宝即佛教中的八种用具，且各自有着吉祥的寓意。这种纹样在明代十分流行，在北京故宫博物院也藏有一件类似的八宝纹绫（图23）。

5. 中西风格的交汇

18世纪末19世纪初，中国就开始专门为外销设计、生产、输出高档的丝绸织绣品。[①] 而到19世纪中期鸦片战争后五口通商，西方织物大量进入中国市场，因此，在这批世博会织物中，也不乏受到这类风潮影响的纹样。虽如印花麻布（2012.66.5）（图24）、粉色龟背地福寿印花棉布（2012.66.66）（图25）等多为棉麻制品，却也堪称别致。印花麻布（2012.66.5）图案风格较西式，可见立体造型的玫瑰花；粉色龟背地福寿印花棉布则是将中国传统的盘长、佛手、牡丹花等造型通过印染的方法来表现。

图24 印花麻布局部　　　　图25 粉色龟背地福寿印花棉布局部

综合以上可以看出，这种有西洋风格的织品，多是印花、手

---

① 袁宣萍，赵丰．16—19世纪中国纺织品是所见之欧洲影响［J］．国际汉学，2014，24（2）：289-300.

绘的，也有着中国韵味，而提花的丝织物主要还是以中国风格为主，因为对民间作坊来说，改变花型意味着重编花本，并需要对织机做重新装造，这是一件工程量极为浩大的事情。

四、结　语

中国丝绸博物馆藏世博会参展纺织品众多，且以丝绸为主，涵盖纱、绉、绸、绫、罗、缎等多个丝织品种，也出现闪色丝绸、扎经染色丝绸等单层色织物及刺绣。其纹样均为晚清流行的丝绸纹样，图案以织造为主，另有部分棉麻织物使用了印、绘等加工工艺，种类丰富。

中国丝绸博物馆藏98件
早期世博会上的纺织品

第二编
图　录

1.白色棉布

长：429cm，宽：73.4cm

1900年

2012.66.2

商标   标签

2.白色棉布

长：712cm，宽：49cm

1900年

2012.66.3

商标   标签

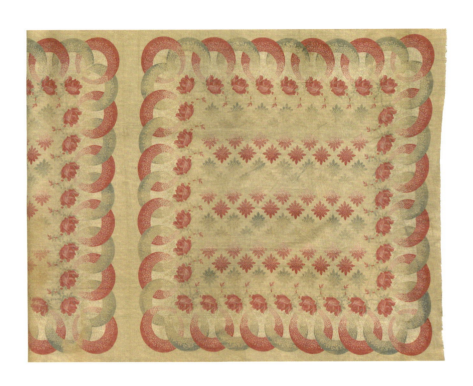

3.印花麻布

长：629cm，宽：74cm

1900年

2012.66.4

纤维：苎麻

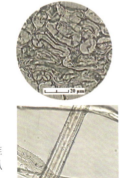

苎麻纤维
截面、纵
向1000×

4.印花麻布

长：73cm，宽：70cm

1900年

2012.66.5

5.绿色素绢

长：121cm，宽：35cm

1895年

2012.66.11

纤维：丝

染料：孔雀绿

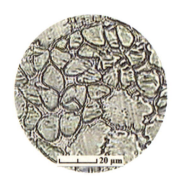

丝纤维截面1000×

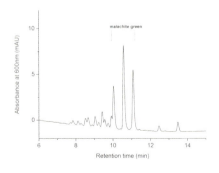

染料高效液相色谱图

6.藏青色五蝠捧寿暗花绸

长：77.5cm，宽：24cm

1895年

2012.66.58

染料：甲基紫+靛蓝

纹样图

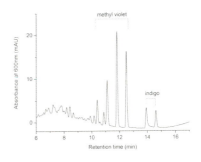

染料高效液相色谱图

7.雪青细条夹熟纱

长：92cm，宽：62cm

1895年

2012.66.15

标签　　　　　　　墨书

8.呀妃素纱

长：80cm，宽：62cm

1895年

2012.66.17

纤维：丝

| 标签 | 墨书 | 丝纤维截面1000× |

9.蓝色棉布

长：215cm，宽：35.5cm

1895年

2012.66.18

染料：靛玉红

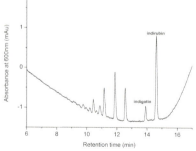

染料高效液相色谱图

10.蓝白细条纹麻布

长：337cm，宽：38cm

1895年

2012.66.21

染料：靛玉红

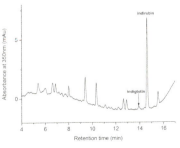

染料高效液相色谱图

戳记　　　毛纤维截面500×

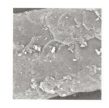

毛纤维纵向2000×

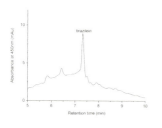

染料高效液相色谱图

11.暗红色毛毡

长：164cm，宽：100.5cm

1895年

2012.66.26

纤维：毛

染料：苏木

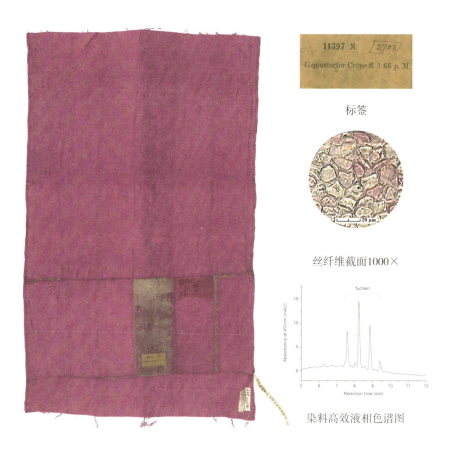

标签

丝纤维截面1000×

染料高效液相色谱图

12.品红色暗花杭熟罗

长：87cm，宽：54cm

1895年

2012.66.96

纤维：丝

染料：品红

橙色棉纤维截面1000×

红色棉纤维截面1000×

黄色棉纤维截面1000×

13.方格条纹布

长：206cm，宽：96cm

1900年

2012.66.168

纤维：棉、毛

紫色毛纤维截面1000×

14.彩条几何纹棉布

长：392cm，宽：35.5cm

1895年

2012.66.29

纤维：丝光棉

白色丝光棉纤
维截面1000×

褐色丝光棉纤
维截面1000×

绿色丝光棉纤
维截面1000×

15.蓝色棉布

长：124.5cm，宽：40.5cm

1895年

2012.66.39

标签

16.天蓝色棉布

长：668cm，宽：32cm

1895年

2012.66.38

染料：靛玉红

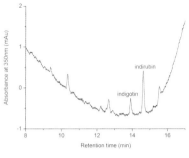

染料高效液相色谱图

17.黑色棉布

长：118.5cm，宽：41cm

1895年

2012.66.37

染料：靛玉红

标签

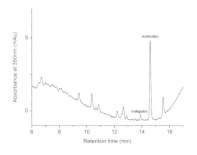

染料高效液相色谱图

18.黑色棉布

长：484cm，宽：31.5cm

1900年

2012.66.166

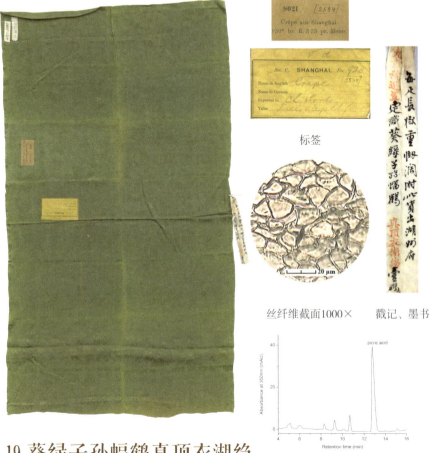

标签

丝纤维截面1000×　　戳记、墨书

染料高效液相色谱图

19.葵绿子孙蝠鹤真顶衣湖绉

长：88.5cm，宽：49.3cm

1895年

2012.66.44

纤维：丝

染料：苦味酸（酸性黄）+合成蓝色染料

商标　　　　　　　戳记、墨书

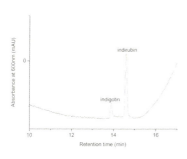

染料高效液相色谱图

20.洋雪青万球真顶衣湖绉

长：87.5cm，宽：41.5cm

1895年

2012.66.57

染料：靛玉红

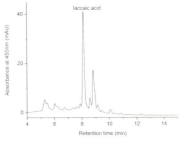

染料高效液相色谱图

21.绛红色杂宝纹暗花罗

长：453cm，宽：51.5cm

1895年

2012.66.47

染料：胭脂红

纹样图

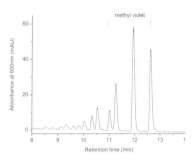

染料高效液相色谱图

22.浙杭蒋源利号产八宝纹宁绸

长：79cm，宽：35cm

1895年

2012.66.97

染料：甲基紫

戳记、墨书

23.元青色八宝云纹实地纱

长：90.2cm，宽：74.3cm

1895年

2012.66.91

染料：鞣花酸及衍生物（单宁类）

标签

组织结构

纹样图

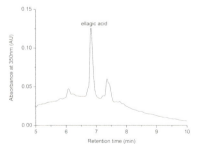

染料高效液相色谱图

24.青莲云吉杭春纱

长：84cm，宽：70.5cm

1895年

2012.66.51

纤维：丝

丝纤维截面1000×　　戳记、墨书

墨书

纹样复原图局部

25.湖蓝地几何花卉纹暗花绸

长：96cm，宽：69cm

1895年

2012.66.55

戳记、墨书

标签

26.湖色八宝云纹市局纱

长：88.5cm，宽：50cm

1895年

2012.66.56

墨书

27.莲灰色点子纱

长：78.5cm，宽：51cm

1895年

2012.66.45

墨书

28.青莲地白五分夹纱

长：92.5cm，宽：61.5cm

1895年

2012.66.121

标签

戳记、墨书　　组织结构

纹样复原图局部

29.湖色蝴蝶纹杭熟罗

长：87cm，宽：55cm

1895年

2012.66.59

标签

丝纤维截面1000×

30.二蓝云鹤纹暗花绸

长：92cm，宽：47cm

1895年

2012.66.62

纤维：丝

31.折枝牡丹葡萄兰花纹实地纱

长：75cm，宽：51cm

1895年

2012.66.14

纹样复原图局部

32.粉色龟背地福寿印花棉布

长：90cm，宽：75cm

1895年

2012.66.66

纹样复原图局部

33.花卉纹印花棉布

长：92.5cm，宽：75cm

1895年

2012.66.65

纤维：棉

染料：茜素+茜素红S

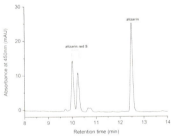

染料高效液相色谱图

棉纤维截面1000×

纹样复原图局部

34.黄地树叶纹印花棉布

长：90cm，宽：73.2cm

1895年

2012.66.64

纤维：棉

棉纤维截面1000×　　　　　　　纹样图

35.彩条菱格纹棉布

长：149cm，宽：97cm

1895年

2012.66.27

纤维：棉

标签

  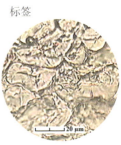

白色棉纤维截面1000×　　褐色棉纤维截面1000×　　黄色棉纤维截面1000×

36.土黄色麻布

长：1050cm，宽：43.2cm

1895年

2012.66.31

纤维：剑麻（？）

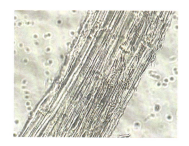

麻纤维纵向1000×

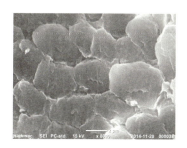

麻纤维截面8000×

37.深蓝色麻布

长：30cm，宽：22.5cm

1895年

2012.66.68

染料：靛玉红

标签

染料高效液相色谱图

38.黑色聚茂福号素绢

长：73.5cm，宽：76.8cm

1895年

2012.66.69

染料：鞣花酸（单宁类）

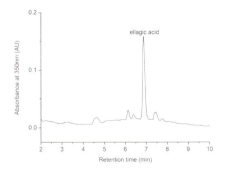

染料高效液相色谱图

纹样复原图局部

39.本色兰花蝴蝶纹亮地纱

长：77cm，宽：48cm

1895年

2012.66.75

戳记、墨书

标签

40.玉色万球清水真顶衣湖绉

长：89cm，宽：49cm

1895年

2012.66.76

标签

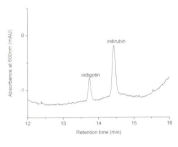

染料高效液相色谱图

41.蓝色云纹地团窠花卉纹暗花绸

长：89cm，宽：50cm

1895年

2012.66.77

染料：靛蓝

纹样图

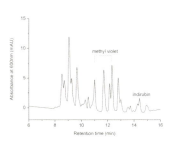

染料高效液相色谱图

42.深蓝色折枝牡丹纹暗花绸

长：51.9cm，宽：79cm

1895年

2012.66.73

染料：甲基紫+靛蓝

戳记、墨书

43.蓝色八宝云纹杭线绉

长：88.9cm，宽：76.8cm

1895年

2012.66.79

染料：靛蓝

标签

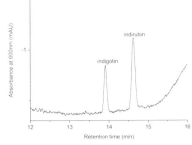

染料高效液相色谱图

戳记、墨书

44.蜜黄色百蝠杭熟罗

长：85.1cm，宽：55.9cm

1895年

2012.66.86

染料：黄檗

标签

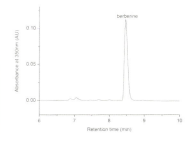

染料高效液相色谱图

45.粉色绉绸

长：40cm，宽：48.8cm

1895年

2012.66.88

组织结构　　　戳记、墨书

46.藕色绢地龙凤花卉彩绣

长：69cm，宽：72cm

清代晚期

2012.66.110

组织结构

47.藏青色团寿暗花缎

长：79.2cm，宽：23.2cm

1895年

2012.66.93

染料：苏木、靛青

纹样图

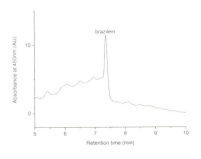

染料高效液相色谱图

48.紫色折枝牡丹暗花缎

长：81.4cm，宽：33cm

1895年

2012.66.98

纤维：丝

丝纤维截面1000×

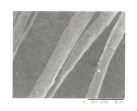

纹样图

丝纤维纵向2000×

戳记、墨书

戳记、墨书

标签

49.雪青色曲水地皮球花纹暗花绸

长：91.6cm，宽：43cm

1895年

2012.66.43

组织结构

戳记、墨书

标签

50.黑色云皮球绵绸

长：87cm，宽：43cm

1895年

2012.66.63

纹样复原图局部

51.月闪金驼元泰昌凤记产绢

长：81cm，宽：79cm

1895年

2012.66.99

染料：鞣花酸

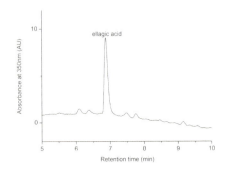

染料高效液相色谱图

52.深紫色团窠卍字牡丹纹暗花绸

长：78cm，宽：30cm

1895年

2012.66.100

染料：甲基紫、品红、靛蓝

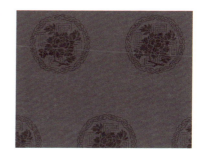

纹样复原图局部

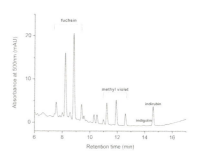

染料高效液相色谱图

标签

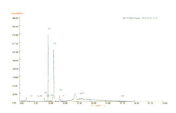

红色

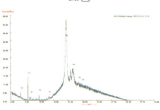

深蓝色

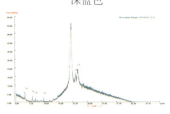

浅蓝色

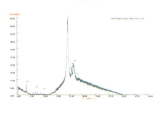

白布背景

53.白地彩印蝶恋花挽袖

长：102cm，宽：25cm

1895年

2012.66.105

颜料：铅红（？）

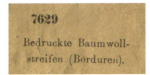

标签

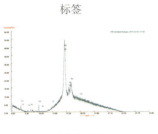

浅蓝色黄色

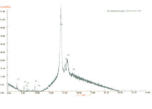

橙色

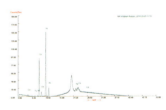

绿色

54.白地彩绘曲水福寿纹花边

长：55cm，宽：12.5cm

1895年

2012.66.106

颜料：石青+石黄（？）

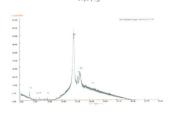

黑色背景

55.秋香百蝠绸

长：92cm，宽：43.5cm

1895年

2012.66.113

纤维：丝

标签

丝纤维截面1000×

戳记、墨书

纹样复原图局部

56.彩玉蓝芝地云吉杭产库纱

长：89cm，宽：49cm

1895年

2012.66.111

标签　　　　　戳记、墨书

标签

戳记、墨书

57.湖色生纺

长：89cm，宽：53cm

1895年

2012.66.50

标签

戳记、墨书

58.蓝衣杭纺

长：84.5cm，宽：54.2cm

1895年

2012.66.116

59.雪青云鹤杭熟罗

长：83.5cm，宽：55cm

1895年

2012.66.72

染料：品红

戳记、墨书

标签

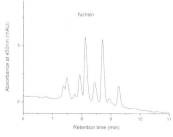

染料高效液相色谱图

60.橘色菊花纹暗花绸

长：112.5cm，宽：42cm

1895年

2012.66.48

纤维：丝

染料：酸性红

丝纤维截面1000×

纹样复原图局部

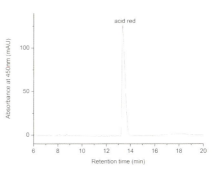

染料高效液相色谱图

61.月闪金驼片素市局扎绸

长：76.5cm，宽：40cm

1895年

2012.66.117

戳记、墨书

62.元青闪枣红片素市局扎绸

长：78cm，宽：76cm

1895年

2012.66.118

戳记、墨书

63.定织玉白团鹤湖绉

长：55cm，宽：48.5cm

1895年

2012.66.119

标签　　　　　　　戳记、墨书

戳记、墨书

64.米色云鹤杭线春绸

长：86.3cm，宽：73.8cm

1895年

2012.66.120

标签

纹样复原图局部

65.红绿闪色丝绸

长：300cm，宽：87cm

1900年

2012.66.128

纤维：丝

红色丝纤维截面1000×

绿色丝纤维截面1000×

红色丝纤维纵向1000×

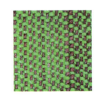

组织结构

66.绿色红边棉布

长：310cm，宽：90cm

1900年

2012.66.129

纤维：棉、丝

黄色丝纤维截面1000×

红色棉纤维截面1000×

绿色棉纤维截面1000×

67.红色棉布

长：163cm，宽：94cm

1900年

2012.66.125

纤维：棉

棉纤维截面1000×

68.红地印花花卉人物棉布

长：53cm，宽：31.5cm

1900年

2012.66.131

纤维：棉

棉纤维截面1000×

69.红地细格方形棉布

长：74cm，宽：73cm

1900年

2012.66.146

70.红色小方格棉布

长：75cm，宽：73cm

1900年

2012.66.148

71.陶聚茂记蓝缎

长：77cm，宽：74cm

1895年

2012.66.114

72.花卉纹缎

长：423cm，宽：75.2cm

1900年

2012.66.194

组织结构

73.灰色素绫

长：26.5cm，宽：76.5cm

1895年

2012.66.78

组织结构

74.水波团花福寿纹纱

长：247.5cm，宽：78.5cm

1900年

2012.66.199

纹样图

75.红色团凤纹纱

长：290cm，宽：49.5cm

1900年

2012.66.185

纹样复原图局部

76.团花福寿纹纱

长：242cm，宽：43.2cm

1900年

2012.66.190

纹样图

77.红色曲水地小团花纹布

长：968cm，宽：59.5cm

1900年

2012.66.179

78.双色浮花纱

长：498cm，宽：67cm

1900年

2012.66.197

纹样复原图局部

79.深棕地几何纹扎经染色丝绸

长：63cm，宽：45.5cm

1900年

2012.66.134

组织结构

80.棉绒毛巾

长：77cm，宽：29.5cm

1895年

2012.66.232

纤维：棉

标签

棉纤维截面1000×

81.本色棉布

长：368cm，宽：44.5cm

1895年

2012.66.237

82.本色棉布

长：81.5cm，宽：37.5cm

1895年

2012.66.239

标签

83.本色素绫

长：811cm，宽：40.3cm

1900年

2012.66.260

戳记、墨书

84.朵花纹印花棉布

长：194cm，宽：66.3cm

1900年

2012.66.275

85.本色麻布

长：33.5cm，宽：33.5cm

1900年

2012.66.284

纤维：大麻

大麻纤维截面1000×

大麻纤维纵向1000×

86.本色棉布

长：283cm，宽：83cm

1900年

2012.66.295

商标

87.本色棉布

长：265cm，宽：67.8cm

1900年

2012.66.296

商标

商标

88.本色棉布

长：2350cm，宽：83.5cm

1900年

2012.66.297

标签

89.本色棉布

长：2314cm，宽：77.5cm

1900年

2012.66.298

商标

标签

90.本色棉布

长：3649cm，宽：91cm

1900年

2012.66.299

商标

91.本色棉布

长：2538cm，宽：91.5cm

1900年

2012.66.300

商标

92.本色棉布

长：3348.5cm，宽：90.5cm

1900年

2012.66.303

商标

商标

93.本色棉布

长：1175cm，宽：89cm

1900年

2012.66.302

商标

94.本色棉布

长：3458cm，宽：90.5cm

1900年

2012.66.301

95.彩色席纹棉布

长：192.5cm，宽：143cm

1900年

2012.66.304

96.彩织花鸟纹棉布

长：210cm，宽：171cm

1900年

2012.66.305

97.拼缝棉布

长：190cm，宽：153cm

1900年

2012.66.306

98.红色杂宝纹实地纱

长：34.3cm，宽：26.7cm

1900年

2012.66.307

第三编
附　录

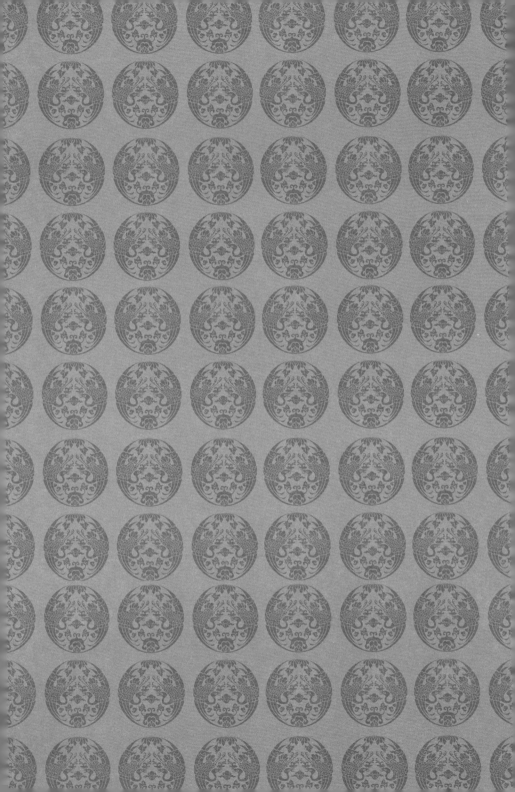

早期世博会简介

徐文跃

　　早期世博会（世界博览会）是指自 1851 年英国伦敦"万国工业产品博览会"以来至 1928 年国际展览局成立之前的世博会。早期世博会主要在英国、法国、美国等欧美国家举办，主要展示工业革命以来的工业成就和科技进步。为展示国力及扩大自身影响力，各国频繁举办世博会，几乎"无年不会"。

　　世博会是一项由主办国政府组织或政府委托有关部门举办的国际性展览会，至今已有一百多年的历史。古希腊罗马在举行大型宗教节日的庆典活动时都有包含集市的内容，中世纪时，欧洲仍分布有众多的聚会中心，这些中心也往往被用作欢庆宗教节日和开办集市贸易的场所。世博会的起源即为这类集市。但世博会作为一种文化现象，却也经历了将近一个世纪，其最初是伴随工业革命而出现的。法国和英国是较早开办工业品和手工业品展览的两个国家。一般认为，近代意义上的博览会始于 1798 年巴黎的工艺博览会。"1798 年法国设博览会于巴黎，是为欧洲博览会之滥觞"。①

---

① 金子坚太郎．论博览会之沿革功效 [J]．外交报，1964（10）：63．金子坚太郎为 1903 年日本大阪博览会的会长。

图1　1851年伦敦世博会开幕式

英国和法国在各自国内举办全国性展览的做法后来渐被效仿，展览会遍及欧洲各国。但这些展览会皆仅限于国内，其展品限于一国，缺乏开放性。英国最早看到了展览会国际化的需要，出于诸多方面的考虑，英国促成并成功开办了第一届国际性的展览会，在英国伦敦举办的万国工业产品博览会成为当时有史以来最大且有多国参展的博览会（图1），这是被认为的第一届世博会。世博会给主办国提供了展示其综合国力的平台，主办国还可借此机会提升国际地位、刺激社会经济、扩大交往和合作。第一届世博会的成功举办，带动了欧美各国纷纷投入此项国际展览会。

世博会，其早期中文译名有赛奇会、炫奇会、聚珍会、聚宝会等。这些译名隐然含有对"奇技淫巧"的鄙薄之意，所以后来之人有言"吾国旧时于赛会二字，不求本意，谬译曰赛珍，遂若赛会为炫奇斗异之举者"①。其后，随着中国士人更多地在国外接触到世博会，世博会上所展示的工业文明和科技进步促使近代中国对世博会的认识渐为提高，并以国家身份参与其中。1910 年，中国举办南洋劝业会之前，世博会的参展事宜大多由海关代办，少有中国人亲赴其地。1866 年，总理衙门首次接到参加世博会的邀请，但并未予以重视。1872 年，再次接到奥匈帝国维也纳世博会的邀请后，总理衙门即授权中国海关总税务司赫德办理。也就是从 1873 年维也纳世博会起，清政府开始以国家身份参展世博会，具体事务由海关代办，该届世博会由包腊（E. C. Bowra）代表中国参加。

早期的世博会缺乏统一规划，举办频率过繁，管理较为粗疏，因此如果要统计早期所举办世博会的届数有相当的困难。1928 年国际展览局成立，并于 1931 年制定了博览会管理章程"国际展览公约"，此举加强了对世博会的管理。在国际展览局的指导下，世博会日趋规范。现在的世博会大致可分两类，即注册类和认可类，两者的区别在于注册类较为综合，主题较广、场地庞大、展期较长，而认可类则较为专业，主题单一、展期较短。

历史上，世博会的举办都有着深厚的时代背景，有其特定的

---

① "光绪三十一年十月十七日收留欧学生、商人公禀"，"外交档案"，"各国赛会公会"，02-20-18-2（02-20 系编号，18 系函号，2 系册号）。该档案现存台北中研院近代史研究所图书馆。

目的。早期的世博会与欧洲的工业革命紧密相关，世博会上展示的多为工业革命的成果，英国伦敦举办的第一届世博会的正式名称为"万国工业产品博览会"即为这一体现。随着资本主义和海外市场的扩张，世博会也将目光转向殖民地，1883年荷兰阿姆斯特丹举办的"殖民地与技术产品世界博览会"就是第一个以殖民地为主题的世博会。重要的历史事件及节庆活动的纪念也成为举办世博会的契机，如1876年的费城世博会是为了纪念美国独立100周年，1893年的芝加哥世博会是为了纪念哥伦布发现美洲大陆400周年。世博会与世界形势的变化息息相关，和平与振兴、对抗与合作、人文与环保，这些都曾深刻地影响着世博会。早期的世博会除了展示人类文明的伟大进步之外，也蕴含大众教育与娱乐的功能。

早期世博会的举办虽有着各自的目的，但大抵仍不出展示主办国的国力之外，这在其后中国人对世博会的追忆中显得特为强烈。光绪三十四年（1908年）八月初五的《官务商报》第20期中的《万国博览会之效果》一文即指出，博览会"集世界文明之制品于一堂，知识借以交换，人文借以启发。又陈列坤舆之产物，角其精粗优劣，促实业之振兴，即以助国家经济之发展，且可以为国际之一种祝典。以之辑和邦交，宣示国力，凡此皆为直接之效果"[1]。文章又说，"万国博览会一千八百五十一年创始于英吉利，盖距今五十七年前也。时英国方征服强国，独占海上之权力，制造

---

① 清政府农工商部，《官务商报》戊申第二十期1册，光绪三十四年（1908年）.

之物四出，世界无不受其供给。乃复推其政治界之雄心，开博览会以耀其称霸实业界之实力。不意开会之后，法德奥荷比各国之出品，并能基于最新之学理，讲求制品之改良。英人既形而见绌，相视错愕。政府始选派审查员考究发展工业之策，乃创设工业博物馆于沙斯根逊登，择列国之优异者陈列之，以供国内同业者之参考。厥后工业乃大进，商务因之益盛。英人之所以至今不忘者，皆博览会之赐也"①。博览会的重要性为中国所认识后，渐被付诸实践。20 世纪初，中国一些地方效仿西方施行产业竞赛，纷纷举办博览会，先后有 1909 年的武汉奖进会和直隶展览会、1910 年的京师出品会和南洋劝业会、1928 年的上海国货展览会、1929 年的全国美术展览会和西湖博览会。其中，于浙江杭州举办的西湖博览会影响较大，其场馆有八馆二所三个特别陈列室。八馆中的丝绸馆由丝茧部、纺线部、绸缎部、服装部、装饰织物部、丝绸统计部等 6 个部分和杭州都锦生丝织厂、上海震旦丝织厂等 13 个特别陈列室组成。

　　早期世博会上中国的展品种类有限，多为原始的工农业材料、初级产品和古代工艺品，如漆器、瓷器、纺织品等传统手工艺品，并无近代工业的产品，而当时发达国家的展品则以工业产品为多。当时选送展品之人也非中国人，大多为在华的外国人。世博会创设之初，中国人实已参与其中，但纯为个人行为，与政府无关（图 2）。在 1851 年伦敦举办的第一届世博会上，中国的多类

---

① 清政府农工商部，《官务商报》戊申第二十期 1 册，光绪三十四年（1908 年）.

图2　1851年伦敦新闻画报刊
　　　登的在世博会上亮相的
　　　中国家庭

参展商品获奖。由于当时缺乏清政府的合作，中国的陈列乃由爱
德加·包令（Edgar Bowring）组织完成（图3）。爱德加·包令
为英国贸易委员会的官员，也是该届世博会筹备委员会的秘书，
其父为英国驻中国广州领事并曾出任英国驻华公使兼商务监督。
《万国工业博览会1851年评委会关于30类产品的评审报告》给
出了当时中国展品获奖的理由。其中由英国公司选送的上海荣记
丝绸，评委给出评语说，在中国展区"上海荣记的丝绸样品充分
显示了来自桑蚕原产国的丝绸的优质品质，因此评委会授予其奖
章"[①]（图4）；由英国驻上海领事选送的棉花虽未获奖，评委评

---

① 万国工业博览会1851年评委会关于30类产品的评审报告[M]. 伦敦：威廉·克罗兄弟出版社，
　　1852.

图3 1851年伦敦世博会中国馆

图4 1851年《伦敦新闻画报》刊登的伦敦世博
会官方获奖名单

155

价"这种棉花色彩鲜亮，有丝一样的光泽，这种棉花的加工工艺也堪称一流"①；由英国人选送的丝织品获得荣誉奖，评委的评语是"中国作为世界上最早的丝绸生产国，以其在丝绸生产中运用的品种多样的染色丝，成为该领域的代表。中国丝织品的展览尽管充分显示了长期以来该国在锦缎和其他丝织品上的声誉，但还不足以引起巨大的轰动效应"。此次世博会上虽有中国展品参展，但实则由在华的英国官员和商人们组织，中国的企业未能亲赴英国伦敦参展。参展的商品包括丝绸、棉花、药材、茶叶、煤炭、雨伞、折扇、刺绣、漆器、瓷器等，也皆由英国人选送。

1876 年美国费城世博会上，中国以 720 箱展品赴会，其中亦不乏丝织品等类。参展随行的担任浙江海关文书的李圭，在其所著的《环游地球新录》中对中国展馆情况及其参展的各类展品多有记述。其书记载："北向建木质大牌楼一座，上面大书'大清国'三字。……进牌楼，正中置橱柜数事，高八九尺，仿庙宇式，亦以木制涂金彩，四面嵌大块玻璃，储各省绸缎、雕牙、玩物、银器及贵重之品。左列武林胡观察景泰窑器；右列粤省漆器、绣货、镜屏；后列各式乌木椅榻；再后为宁波雕木器，海关经办瓷器，及粤人何干臣各种古玩；再后临窗则为公事房。……南门外平屋，列各省丝、茶、六谷、药材，亦皆海关经办，由总院分列于此。药材不下七百种，丝、茶亦各种俱备。……物产以丝、茶、瓷器，绸货、雕花器、景泰器，在各国中推为第一。铜器、漆器、银器、

---

① 万国工业博览会 1851 年评委会关于 30 类产品的评审报告[M]. 伦敦：威廉·克罗兄弟出版社，1852.

藤竹器次之。若玉石器，几无过问者。……会内瓷器早经售罄，古
玩、绸缎，以索值昂，购者较鲜，而西人多有寄信中国托购者。"①
书中，李圭提及展出的展品"专为手工制造，无一借力机器"，可
知展品仍以传统的手工艺品为主。李圭还特别注意到了茶叶和丝
的销售情况，并指出了改进之法，"丝斤做法不善，粗细相杂，近
为洋人深恶。倘使讲求善法，匀净无伪，则此项贸易，亦当日巨
一日"。②

　　早期世博会中国的参展事宜由海关代理，早期参展的相关资
料介绍了中国对外贸易的状况，并分类记载了外国进入中国的商
船数量、进出口贸易数据、内地与沿海贸易的数据，这其中丝绸
贸易占有一定的比例，反映了世博会上纺织品的情况。这类材料还
反映了当时已开埠的厦门、广州、芝罘（烟台）、镇江、福州、汉
口、九江、牛庄（营口）、宁波、上海、汕头、打狗（高雄）、淡水、
天津等处海关的情况。如《1884—1885年新奥尔良博览会中国展
品目录》即列举了经由上海、广州出口的各地纺织品名称、数量
及产地，且附录中录有主要年份纺织品的出口情况及纺织品的
产区分布图；又如《1905年列口世界博览会中国展品目录》（又
名《大清赛珍总册》）介绍了中国馆内的建筑，并用文字介绍了
厦门、广州、芝罘、镇江、福州、汉口、九江、龙州、蒙自、南
京、牛庄、宁波、上海、思茅（普洱）、天津、温州、芜湖等海关
提供的展品，其中自然也不乏纺织品。1895年参展德国柏林艺业

① 李圭. 环游地球新录［M］. 长沙：湖南人民出版社，1980：6-7.
② 李圭. 环游地球新录［M］. 长沙：湖南人民出版社，1980：7.

会的纺织品中，有出自上海、南京、烟台、汉口、九江等口岸的
纺织品，其中且见有九章号、老介福等商号名称。1900 年参展法
国巴黎世博会的纺织品中，有大量国外公司生产的织物，这些都
当是晚清海关经管的进口货物。这些纺织品大多为棉织品，部分
来自当时的棉布生产大国，如英国和印度，在一定程度上反映了
当时世界纺织的格局，从中可以想见"洋纱"和"洋布"的大宗
进口对中国近代棉纺织手工业的影响。

　　自有世博会以来的人类历史，正经历着最为剧烈的变化，人
类文明前进的步伐往往被世博会所展示和记录，并被推向辉煌。早
期的世博会展示和记录了工业革命以来的诸多成果。蒸汽机、纺
织机械、电报于 1851 年的伦敦世博会上亮相；奥梯斯电梯、精密
测量仪器在 1853 年纽约世博会上推出；考立斯大型蒸汽机、打字
机、留声机、电话于 1876 年费城世博会上面世；等等。人类前进
的步伐在世博会上历历可见，世博会见证了人类社会经济、文化、
科技等各个方面的发展和变化。

1851 年　英国伦敦　万国工业产品博览会

　　5 月 1 日开幕，维多利亚女王和阿尔伯特亲王及王室成员出
席开幕式。博览会共分六大部分，包括原材料、机器、纺织制品、
金属玻璃陶瓷制品、其他以及美术（图 5、图 6）。25 个国家和 20
多个殖民地的 10 万余件展品参展，展区按国家划分，每个国家分
配于指定区域以合适方式展出。博览会委员会专设评奖委员会，
给参展的优秀展品颁发奖章。此届世博会共有 5000 多个展品获奖，
中国送展之丝绸、茶叶等获奖。此届博览会为第一届世博会。

图5 1851年伦敦世博会水晶宫外景　　图6 1851年伦敦世博会水晶宫内景

徐荣村寄展 12 包精选"荣记湖丝"，获"制造业和手工业奖"铜奖。

1853 年　美国纽约　万国工业产品博览会

该博览会刻意效仿伦敦世博会，俗称纽约水晶宫博览会。23个国家和 4 个英国殖民地参展，而美国展品占三分之一。此届展览增强了美国人对本国产品的信心，并促进了欧美之间的了解和接触。此届博览会后，城市规划和博览会规划逐渐为人所重视。

1855 年　法国巴黎　世界工农业与艺术博览会

该博览会是为纪念滑铁卢后欧洲和平而显示的国际合作，并向世界宣传工业技术的革新和进步而举办的。博览会分工业与艺术两大部分，法英两国的参展品在数量和质量上占据绝对优势，艺术展展出了来自 29 个国家 2054 名艺术家的 5000 件作品。此届博览会在物质与文化领域进一步促进了国际合作和发展。

1862 年　英国伦敦　国际工业与艺术博览会

该博览会内容包括工业产品、美术品，也包括制造品、机器和殖民地的原材料，此届博览会以工业的进步作为展览的主要特点。英国显示了其在土木工程、农业工具、机器制造、铸铁工业等方面的实力，法国则突显了其装饰工艺。此届博览会为后来的博览会开启了每隔 11 年举办的先例。

1867 年　法国巴黎　世界博览会

该博览会内容包括艺术品、人文器械与应用类产品、家具与家庭用具、服装与面料及个人饰品、工业制品及原料与生产、新鲜及可保存食品、牲畜和农业建筑之样品、有生命的制品与花木园林样品、提高人类体质和心灵的制品。此届世博会传递了这一信息：自然的恩惠能够转化为宇宙间人类的和睦。

1873 年　奥匈帝国维也纳　世界博览会

该博览会是为展现奥匈帝国惊人的经济复苏水平及纪念约瑟夫皇帝加冕 25 周年而举办的。指导思想为和平与进步，35 个国家的 7 万余展品参展。展区分工业宫、机械宫、农业宫和艺术宫，展品有 26 个类别，其中有知识产权、妇女儿童教育、交通、机械、工程、矿产开发、军用及文化艺术等。从此届世博会起，中国开始以国家的名义参与世博会。

1876 年　美国费城　世界博览会

该博览会是为庆祝美国独立 100 周年而举办的，35 个国家和 20 余个殖民地参加此届博览会。展区分为五大展馆，主馆之外有机械宫、园艺宫、艺术宫和农业宫。主馆为此届世博会重点，于此亮相的有新型的胜氏缝纫机、复式电报、打字机等，贝尔发明的电话也在此亮相。此届世博会显示了美国工业和经济强国的实力（图 7）。

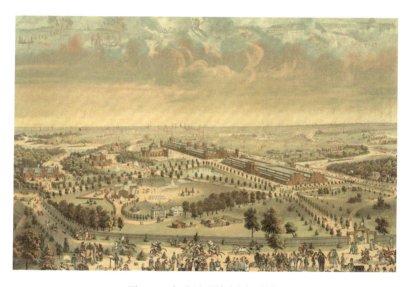

图7 1876年费城世博会展区外景

1878 年　法国巴黎　世界博览会

该博览会共有 32 个国家参加，中国也应邀参展。蒸汽机和装饰艺术仍在此届世博会上占主导地位。当时清政府驻英法钦差大臣郭嵩焘、参赞黎庶昌及译员张德彝、马建忠都曾前往参观。此届世博会宣告法国从普法战争阴影中走出，仍在众多领域起着主导作用。

1889 年　法国巴黎　世界博览会

该博览会是为纪念法国大革命 100 周年及法国 100 年来经济上的进步而举办的。此届世博会上，爱迪生花费 10 万美元，展出 493 项发明，其设计的留声机使人迷恋至极。爱迪生最新发明的白炽灯也使世博会得以在夜晚开放，这在世博会历史中尚属首次。埃菲尔铁塔落成并成为此届世博会的标志性建筑（图 8）。

图8　1889年巴黎世博会夜景

1893 年　美国芝加哥　世界博览会

此届博览会为纪念哥伦布发现新大陆 400 周年而举办，是 19
世纪美国举办的规模最大、内容最为丰富的世博会。此届世博会
吸引了 19 个国家和美国的 39 个州参展，其陈列体系及类别包括
农业、园艺、牲畜、矿冶、制造、机器、交通、电业、美术、人
文等。此届世博会为美国跨入 20 世纪注入了新的希望，被誉为"美
国历史上的一个分水岭"。

1900 年　法国巴黎　世界博览会

此届世博会共有 83000 个展品，其中 45000 个来自 40 余个国
家，主要展品类别包括化学工业、土木工程、交通、教育、科学
和艺术、机器、服装、矿产等。与世博会同时举办的还有第二届
奥运会，此为希腊本土以外举办的第一次奥运会，也是首次将世博会与奥运会同时在同一城市举办。此届世博会是自 1855 年以来巴黎的第五届世博会，也是五届中规模最大的一届（图 9 ）。

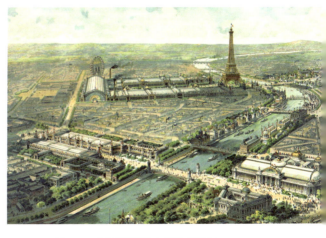

图9 1900年巴黎世博会场地鸟瞰图

1904 年　美国圣路易斯　世界博览会

　　该博览会是为纪念路易斯安那购置 100 周年而举办。此届世博会把展品分为教育、艺术、人文、制造业、机械、电器、交通、农业、园艺、人类学等 16 个类别，大部分类别都有专门展馆（图 10）。此届世博会共有 60 个国家参加，中国清政府首次以官方形式正式参加世博会，宗室溥伦贝子代表中国赴圣路易斯参加开幕式（图 11），副专员黄开甲及其随从负责建造展馆

图10　1904年美国圣路易斯世博会中国馆

图11　1904年参加美国圣路易斯世博会开幕式的溥伦贝子

图12　美国人凯瑟琳·卡尔绘制并在1904年美国圣路易斯世博会上展出的慈禧油画肖像

和布展。美国人凯瑟琳·卡尔所绘慈禧太后的油画肖像在世博会上展出（图 12）。

1915 年　美国旧金山　巴拿马太平洋世界博览会

该博览会是为庆祝巴拿马运河顺利通行而举办的。此届世博会的设计和布局以庭院式结构出现，展览品的类别包括艺术、教育、社会经济、人文、印刷、医学、建筑、乐器、制造业、工业、机器、交通、农业、矿冶等。由于世界大战，此届世博会只有 30 个国家参展，中国有 10 万多件展品参展并荣获各类大奖。此届世博会提升了美国西部和加州的重影响力。

张謇南通大生纱厂"魁星"牌棉纱产品，获我国棉纱行业中第一枚世博会奖章。

沈寿的绣品《耶稣像》获一等奖（图 13）。

图13 沈寿绣品
《耶稣像》

1926年　美国费城　世界博览会

该博览会是为庆祝美国独立150周年而举办的。此届世博会共有24个国家参加，中国参加了手工制品和教育两大展览，其中教育展览由纽约中国学院督办，300余名中国留学生参观了世博会。

上海美亚织绸厂"美亚"牌丝绸，获绸缎类产品甲等大奖；

上海老九纶绸缎局绸缎，获甲等大奖（图14）；

上海物华电机丝织公司"华字"牌丝绸，获纺织品类产品丙等金质奖章；

上海景纶衫袜纺织厂"鹿头"牌针织内衣，获丙等金质奖章；

上海第一织造厂"金叶"牌优等丝袜，获丙等金质奖章；

上海三友实业社"三角"牌毛巾，获丙等金质奖章；

上海美纶绸布庄绸布，获丙等金奖；

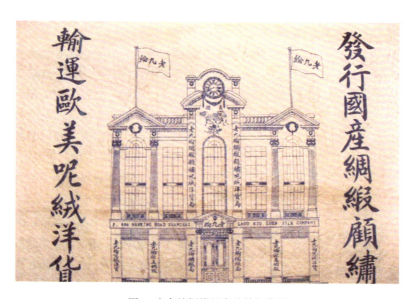

图14 老九纶绸缎局产品外包装纸

杭州纬成股份有限公司的绢丝和丝织品，获绸缎类产品甲等大奖（图15）；

杭州都锦生丝织厂生产的"TCS"牌织锦，获丙等金质奖章；

杭州万源绸缎局绸缎，获甲等大奖；

苏州乾泰祥绸缎局"福记"牌各类手工绣品，获甲等大奖（图16）。

图15 纬成股份有限公司丝绸广告画

图16 乾泰祥绸缎局刺绣产品外包装纸

早期世博会纺织品上题签录文

何进丰

编号	朱文戳记、墨将
2012.66.15	上海河南路提记金棣园 雪青地雪青细条夹熟纱
2012.66.17	上海河南路振记金棣园 呀妃素纱
2012.66.43	九章号选置雪青卍求 56 元，壹码 每匹 46 尺重 13 两阔 12 寸，此货出盛泽
2012.66.44	九章号选置定织葵绿子孙辐鹤真顶衣湖绉，壹码 每匹长 48 尺重 28 两阔 14 寸，此货出湖州府
2012.66.45	……【九章】号选置莲灰点子纱
2012.66.50	九章号选置湖色生纺，壹码 每匹计 4 丈阔 16 尺，此货出盛泽镇
2012.66.51	九章号选置青莲云吉杭春钞，壹码 第每匹号长 36 尺重 28 两阔 22 寸，此货出杭州省
2012.66.55	773 宝 20 □ 2 寸
2012.66.56	九章号选置定织湖色云古涯地市局纱，壹码 第每匹号长 5 丈重阔 22 寸。每尺价银□□，此货出苏州城
2012.66.57	九章号选置洋雪青万球 56 元，壹码 每匹长 46 尺重 13 两活（阔）12 寸，此货出盛泽
2012.66.59	九章号选置湖色煤□杭熟罗，壹码 每匹长 44 尺重 28 两阔 16 雨寸，此货出杭州
2012.66.63	九章号选置定织棕色云皮球加市绵绸，壹码 每匹 46 尺阔 12 寸，此货出吴江县盛泽镇

编号	朱文戳记、墨将
2012.66.72	九章号选置洋雪青云鹤杭熟罗，壹码 每匹长 44 尺重 28 两阔 12 寸，货出杭州
2012.65.76	九章号选置定织玉色万球清水真顶衣湖绉，壹码 第每匹号长 48 尺重 28 两阔 14 寸，此货出浙江湖州城
2012.66.79	九章号选置定织二蓝云吉市局珍□线绉，壹码 第每匹号长 5 丈重阔 22 寸，每匹价银四两，此货出苏州府城
2012.66.86	九章号选置蜜色百蝠杭熟罗，壹码 每匹长 44 尺重 28 两活（阔）16 寸，此货出杭州
2012.66.88	老介福选置 16……31 尺
2012.66.91	九章号选置定织元青云吉寔地市局□纱，壹码 第每匹号长 5 丈阔重 22 寸，每匹价银□□，此货出苏州府
2012.66.98	九章号选置品红□古杭熟罗，壹码 每匹长 44 尺重 28 两阔 16 寸，此货出杭省
2012.66.111	九章号选置彩云蓝芝地云吉杭言库纱 ※ 每匹计 44 尺阔 16 尺，此货出杭州城
2012.66.113	九章号选置秋香百蝠 56 元，壹码 每匹长 46 尺重 13 两阔 12 寸，此货出盛泽
2012.66.116	每匹长 44 尺重 28 两阔 16 寸，此货出杭州 九章号选置二蓝衣杭纺，壹码
2012.66.117	老介……【福选】置月闪金驼屯素市局扎绸，匹 永字□□长 405 重九尺【九尺抹去】
2012.66.118	老介福选置元青闪枣红纯素市局扎绸，匹 □□十四号长 435 重 l8 尺【18 尺抹去】13 尺【13 尺抹去】37 寸
2012.66.119	九章号选置定织玉白净团鹤真顶衣湖绉，壹码
2012.66.120	九章号选置米色云鹤抗线春※※※，壹码 每匹 36 尺重 30 两阔 22 寸，此货出杭省
2012.66.121	上海河南省路振记金棣园 青莲地白五分夹纱

　　注：1. 表内标红者为朱文戳记标志，标蓝者抹去之字；

　　　　2. □、……为无法识读之字，一□即为一字；

　　　　3.【 】内为补字或补充说明，（ ）内为正字。

　　　　4. ※※表示"春"字后当有缺字，或为"纱"字，或为"绉"字。